圖解

五南圖書出版公司 印行

聯合分析

陳耀茂 / 編著

閱讀文字

觀看圖表

理解內容

圖解讓
聯合分析
更簡單

圖解系列

序言

　　聯合分析是在數個要因之間判別重要度時可以應用的手法。主要是在行銷的領域中，用來開發新產品時所使用的手法，藉由相互比較設計、價格、品牌、形象等要因，可密集消費者的意見，並找出消費者所重視的屬性（要因），因此被評估為一非常有效的手法。

　　以整個調查對象的累計結果來說，不僅可以掌握各要因間的相對重要度，甚至就每一位回答者去觀察所顯示之判斷傾向的輪廓，利用紀錄在受訪者屬性頁（Face sheet）上的資料分割成若干群，並按層別檢討，也能掌握顧客層的特徵，在此方面，確信聯合分析也是可以使用的。

　　SPSS 採用聯合分析的「整體輪廓法」（或稱「全概念法」），事實上當人們在進行各種的選擇行為時，一般是先比較數個條件再進行選擇，亦即從具體的提示條件中掌握需求。換言之，聯合分析是發揮人類在進行選擇行為時所具有特徵的一種分析方法。

　　聯合分析不只在行銷領域可以發揮它的效用，即使在教育、醫療、社會福利等需求調查中，也不失為一有效手法。

　　在心理、行銷、工程等領域中，目前聯合分析還尚未相當普及，期待此後它的需求能更加擴大。

　　請各位讀者不妨抽空一讀，並且實際嘗試使用聯合分析看看，希望能實際感受它的有效性。此外，相信對研究生在撰寫有關應用聯合分析方面的論文時，也會有所助益。

　　本書在解說的方式上有過一番斟酌，除了用圖解方式說明外，也盡力追求實用性，但想必仍有不充分的地方，希望讀者能參閱相關書籍，以補不足之處。

陳耀茂 謹誌於
東海大學

關於 SPSS：

◆ **統計軟體 SPSS**

　　SPSS 是全世界最普及的統計軟體之一，可靠性也高，並且在使用者的介面也是有所斟酌考量的軟體。

◆ 聯合分析除了 SPSS 的 Base 系統之外，還需要其他選項，本書所提及的「聯合分析」是指 SPSS Conjoint 此程序。它需要基本的 SPSS Base system。目前 SPSS Base system 的 Windows 版本已經是 Ver.28.0，但聯合分析自從 Windows 版上市以來，基本上沒有什麼變更，今後也不會有太大的改變。

　　近年軟體的更新目不暇給，不得不相繼地購買新手冊，從使用者的立場來看，難免會有一憂一喜的心情。

　　可是關於本書所解說的 SPSS 聯合分析內容，應該仍可以使用一段時間是沒問題的。

　　SPSS 的聯合分析處理法雖然只是「整體輪廓法」，但在目前所能利用的軟體之中，是最容易使用的。

CONTENTS

目錄

第 8 章　以聯合分析法探討消費者對速食麵屬性偏好之研究　179

序章
淺談聯合分析

本章內容

　　本序章簡要說明聯合分析的想法、作法與步驟，詳細情形可配合閱讀本書以下各章，其中第 2 章是說明 Plancards 的製作、第 3 章是說明 Orthoplan 的製作、第 4 章是說明 Conjoint 的製作。

0.1 聯合分析的基本概念

　　聯合分析（Conjoint analysis）是一種有效的行銷研究技術，近年來廣泛應用於消費產品、工業產品和商業服務等相關領域的市場研究中，尤其在新產品開發、市場占有率分析、競爭分析、市場細分和價格策略等方面。聯合分析在我國也愈來愈受到市場研究公司和企業的重視，本文試圖透過對一個新產品開發案例的分析，來闡述聯合分析在產品概念測試中的應用。

　　聯合分析適用於測量消費者的心理判斷，如知覺（Perceptions）和偏好（Preferences），在聯合分析中，產品／服務被稱爲「輪廓」（Profiles），每一個輪廓是由能描述產品／服務重要特徵的屬性（Attributes）以及賦予每一個屬性的不同水準之組合構成的。聯合分析的一個重要的基本假定是：消費者是根據構成產品／服務的多個屬性的知覺來進行偏好判斷；在消費者對輪廓的評價結果之基礎上，經過分解的方法去估計其偏好結構，從而推算出消費者對該輪廓的多個屬性及各屬性水準的偏好分數（Preference scores），在聯合分析中較常使用效用值來描述。

　　聯合分析應用於產品概念測試，能夠定量測量消費者對產品／服務的某個屬性和某個屬性水準的偏好或效用，可以用來尋找消費可接受的某種產品／服務的最佳屬性水準組合，而這種組合最初可能並沒有被消費者所評價。爲了達到這樣的目的，首先要估計不同屬性水準的部分效用值，接著進一步計算出屬性的相對重要度（Attributes relative importance）和輪廓效用值（Profile utility），以便定量化地測量消費者的偏好。

0.2　聯合分析的主要步驟

■ 確定產品或服務的屬性與屬性水準

聯合分析首先要對產品或服務的屬性和屬性水準進行識別，選定產品或服務的屬性和屬性水準必須是顯著影響消費者購買的因素。一個典型的聯合分析包含 6～7 個顯著因素。確定了產品屬性之後，還應該確認這些屬性恰當的水準，例如容量是播放器產品的一個屬性，目前市場上播放器的容量類型主要有 64M、128M 和 256M 等，這些是容量屬性的主要屬性水準。屬性與屬性水準的個數，將決定分析過程中要進行估計的參數個數。

■ 產品卡

聯合分析是將產品的所有屬性與屬性水準通盤考慮，並採用正交設計的方法將這些屬性與屬性水準進行組合，進而生成一系列正規卡。在實際應用中，通常每一種正規卡被分別描述在一張卡片上。聯合分析的產品卡主要有兩大類方法：配對法（Pairwise）和整體輪廓法（Full-profile）。

配對法也叫兩項法（或雙因素評價法，Two-factors evaluations），受訪者每次評價兩個屬性，直至所有屬性配對都被評價完畢為止。以播放器產品為例，容量和價格屬性各有三個屬性水準，則要評價的所有組合為 3×3 = 9 個，受訪者就要按他們自己的喜好程度，在每種組合中對相應的卡片組合從 1（表示最不喜歡）～9（或 7，表示最喜歡）來評分與排序，直到全部填寫完畢。

整體輪廓法也叫多項法（或多因素評估法，Multiple-factor evaluations）。由全部屬性的某個水準構成的一個組合叫做一個輪廓（Profile）。每個輪廓分別用一張卡片表示，如下列播放器中的一個組合產品：容量：128M；音質：好；價格：1000 元；外形：時尚。

其實並不需要對所有組合產品進行評價，而且在屬性水準較多時實施難度也較大。在配對法中，通常使用循環設計來減少組合數。在整體輪廓法中，則採用正交設計等方法以減少組合數，又能反映出效應。

■ 數據收集

讓受訪者對正規卡進行評價，透過評分、排序等方法調查受訪者對正規卡的喜好、購買的可能性等。

排序法是對產品所有組合中的屬性水準進行相對的評價，要求對每個屬性組合給予一個不同的等級。對於配對法，由受訪者對每兩屬性組合的所有產品按自己的意願進行評價，至於整體輪廓法則需要對所有產品組合排序。從排序中可準確地反映出市場中消費者的喜好。

對於評分形式，是要對每一個產品獨立評分，其判斷也可獨立進行。採用此方法的人認為對消費者來說，比排序更為便利，分析時也容易得多。總體說來，排序（Sequence）和評分（Score）形式均可，但近年來人們對評分形式應用得更為頻繁，評分法也因此變得更為普遍。

■ 計算屬性的效用值

從收集的結果中分離出消費者對每一屬性以及屬性水準的偏好值，這些偏好值也就是該屬性的「效用值」。計算屬性的模型和方法有多種，一般來說，人們主要使用一般最小平方法迴歸（OLS）模型、多變量變異數分析（MONANOVA）模型、Logistic 迴歸模型等方法。有研究顯示，使用 OLS 迴歸估計效用值同其它模型的估計一樣有效，也是最容易理解的方法。因此用 OLS 迴歸的聯合分析研究最多，也更普遍。例如：SPSS 的 Categories 模組中，聯合分析就是用 OLS 迴歸估計的，而且它能處理排序和評分兩種數據。

■ 結果解釋與應用

聯合分析的結果可以在消費者個體層次上進行解釋，也就是對每一個消費者的偏好計算不同屬性水準的效用值和屬性的相對重要性，並且分析個體對產品／服務的不同組合的偏好反映；也可以對聯合分析在消費者群體層次上進行解釋。首先按照某種屬性將消費者進行分類，例如將認為價格屬性最重要或者效用值相似的消費者歸成一類（集合），然後再分析整個群體或不同類之間的偏好反映，研究人員應根據不同研究目的來確立進行分析的層次。

0.3　聯合分析的軟體化過程

聯合分析採用了一系列的現代數理統計方法，如正交設計、迴歸分析等，這些方法的計算量巨大，只有通過電腦才能實現。因此實際的市場研究中，必須有專門的軟體來實現，從正規卡設計到估計效用模型、預測等一系列過程。一些常用的統計軟體如 SPSS、SAS 和 BMDP 中包含有聯合分析的基本模型，此外還有一些聯合分析用的專門程序。例如 MONANOVA（Monotone analysis of variance）用於分析排序法得到的整體數據。Tradeoff 用於分析配對法，所要求的數據也是由排序法得到的。另外，常用的還有 LINMAP、ACA（Adaptive conjoint analysis）、Conjoint Designer、Conjoint Analyzer、Conjoint LINMAP、SIMGRAF 和 BRIDERPOSSE（Product optimization and selected segmentation evaluation）是採用混合型聯合分析和實驗設計法來優化產品的一般系統。下面是對目前國內較爲流行使用於聯合分析的軟體 SPSS 做簡要介紹。

SPSS（Statistical package for social science）軟體包含有一個分類數據處理分析的模組，叫 Categories，其中第一部分就是聯合分析。它由三個單獨的過程組成：Orthoplan、Plancards 和 Conjoint。採用的是整體輪廓法，即消費者要對由所有屬性的某個水準定義的各種產品輪廓進行評價（排序或評分），這種方法的主要優點是比較實際，缺點則是要評價的方案數目可能太多。因此在 Categories 中，可採用部分因子設計（Fractional factorial design），即只取可供選擇的方案中一部分來進行評價。正交表法正是其中一種部分因子設計。

Orthoplan 程序生成一個部分因子計畫，用於估計主效應，交互作用在此是忽略不考慮的。Plancard 程序幫助用戶生成實施用的「卡片」，以供消費者對各個「卡片」（即各個輪廓）作排序使用。Conjoint 程序採用一般最小平方（OLS）估計法作聯合分析，研發人員認爲 OLS 法在進行聯合分析時和其它方法同樣有效，而且 OLS 法還比較簡單、易於解釋。它允許使用三種方法來收集數據：評分（Score）、排序（Sequence）或分級（Rank）。此外，還允許有四種類型的因子：離散的（Discrete）、線性的（Linear）、理想的（Ideal）和反理想的（Anti ideal）。

0.4 聯合分析的實例

以下介紹一款播放器產品的例子來說明聯合分析在產品測試的應用，並介紹使用 SPSS 進行聯合分析的程序及步驟。假定某公司打算在市場上推出一款新型的播放器產品，首先要了解消費者對播放器產品的喜好，例如消費者更重視播放器產品的哪些屬性或特徵，他們對這些屬性或特徵又有什麼特別的偏好。爲了設計出受消費者歡迎的播放器，該公司需要開展一次市場調查，對各種配置的播放器產品進行測試。

■ 確定產品或服務的屬性與屬性水準

透過查閱有關廣告、收集二手資料和走訪播放器的零售商確定：容量、音質、價格、外形、品牌、功能、產地、電池使用時間、線控、螢幕等 10 個產品特徵是播放器潛在的重要屬性。接著隨機抽取若干消費者對這 10 個屬性的重要度進行前期預備調查（採用目前市場調查中常用的對單個屬性的重要度分別評分，並按分數的平均值排序），從而確定對容量、音質、外形和價格這 4 個屬性進行聯合分析，這 4 個屬性及其屬性水準如下表所示：

屬性	容量	音質	外形	價格
屬性水準	64M	好	時尚	1000 元
	128M	一般	一般	1500 元
	256M	差	傳統	2000 元

■ 產品的正規卡製作

利用上述屬性與屬性水準可以組合成 81 種正規卡（3×3×3×3）。如果受訪者對所有 81 種正規卡一一進行評價，那會是十分麻煩的。聯合分析採用數理統計中的正交設計來減少正規卡數量。在本例中，透過 SPSS 進行正交設計，所需要測試的正規卡可以減少到 9 種。以下是使用 SPSS 進行正交設計的程序及得出的一個正交設計方案，詳細情形請參本書第 2 章 Orthoplan 的製作。

```
＊正交設計.
ORTHOPLAN
  /FACTORS = price ' 價格 '( 1 '1000 元 '   2 '1500 元 '   3 '2000 元 ')
  capacity ' 容量 ' ( 1 '64M'  2 '128M'  3 '256M')
```

```
tonality '音質' ( 1 ' 差 '   2 ' 一般 '   3 ' 好 ')
fashion ' 外形 ' ( 1 ' 傳統 '   2 ' 一般 '   3 ' 時尚 ')
/OUTFILE = 'c:\users\user\desktop\ 播放器 plan.sav'.
```

　　以上程序在 SPSS 中也可透過語法實現，執行該 SPSS 程序，並得出正交設計的結果，如下表：

播放器產品	價格	容量	音質	外形
A	2000	128M	好	傳統
B	2000	256M	差	一般
C	1500	64M	好	一般
D	1500	256M	一般	傳統
E	1500	128M	差	時尚
F	1000	256M	好	時尚
G	1000	64M	差	傳統
H	2000	64M	一般	時尚
I	1000	128M	一般	一般

■ 透過調查收集數據

　　對於上面正交設計產生的 9 種正規卡，受訪者需要對每一個正規卡的偏好進行評價。在實際調查過程中，是將每個正規卡的屬性特徵列印在一張卡片上，使用 SPSS 語法可以一次性生成所有正規卡的卡片，提高了製作卡片的效率。下面是生成正規卡的 SPSS 程序，詳細情形請參第 2 章 Plancards 的製作。

```
* 生成正規卡的卡片 .
  GET FILE='D:\users\user\ 播放器 plan.sav'.
  PLANCARDS
  /FACTOR=price capacity tonality fashion
  /FORMAT card
  /PAGINATE
  /OUTFILE='c:\users\user\desktop\cards.txt'.'.
```

【註】此處的 user 可從電腦的內容即可得知路徑名稱。

　執行上述程序輸出所有正規卡的卡片，以下只列出正規卡 ABCD 4 張卡片的輸出結果，其他 5 張在此處省略。

正規卡 A	正規卡 B	正規卡 C	正規卡 D
價格 2000 元 容量 128M 音質好 外形傳統	價格 2000 元 容量 256M 音質差 外形一般	價格 1500 元 容量 64M 音質好 外形一般	價格 1500 元 容量 256M 音質一般 外形傳統

　在調查問卷中可設計相關的問題進行數據收集，下面是示範的例子。
　（出示正規卡 A 的卡片）請問您有多少可能會購買具有以下產品特徵的播放器？（請以 1～9 為評分標準：「一定會」9 分；「一定不會」1 分）【單選】

	一定 不會								一定 會
購買可能性	1	2	3	4	5	6	7	8	9

　假定透過調查得到某位消費者對 9 張正規卡的評價，數據如下：

正規卡的編號	A	B	C	D	E	F	G	H	I
購買的可能性	5	1	3	4	3	9	1	4	8

■ 計算屬性的效用
　計算顯示特徵的效用值是聯合分析的關鍵步驟。其基本模型是：

$$U(x) = \sum_i^m \sum_{j=1}^{k_i} \alpha_{ij} X_{ij}$$

1. 其中：U(x)= 所有屬性的總效用；k_i = 屬性 i 的水準數目；m = 屬性數；α_{ij} = 屬性 i 的第 j 個水準的分值貢獻或效用；X_{ij} = 1（如果第 i 個屬性的第 j 個水準出現；0 其它情形）。
2. 由效用函數可以產生一個衡量每一屬性重要程度的指標：相對重要程度 W_i（各屬性 i 的相對重要度）

$$W_i = \frac{C_i}{\sum C_i} \times 100\%$$

其中 C_i 為屬性 i 的效用變動範圍，$C_i = \{Max(X_{ij}) - Min(X_{ij})\}$

各屬性的相對重要性之和為百分之百。實際應用中，模型的估計幾乎完全依賴於計算機軟體。

對於本例數據，我們採用 SPSS 中的 Conjoint 程序進行分析，有關 Conjoint 的分析程序請參考第 4 章。本例只列出一位受訪者的回答，其他受訪者可參照輸入。

```
* 輸入收集的數據 .
DATA LIST FREE / ID score1 to score9.
BEGIN DATA
01 5 1 3 4 3 9 1 4 8
END DATA.
SAVE OUTFILE='d:\users\user\desktop\ 播放器 data.sav'.
* 進行聯合分析 .
CONJOINT
PLAN='c:\users\user\ 播放器 plan.sav'
/DATA='c:\users\user\ 播放器 data.sav'
/FACTORS=price capacity tonality fashion
/SUBJECT=id
/SCORE=score1 to score9
/PLOT=all
/UTIL='c:\users\user\desktop\ 播放器 result.sav'.
```

■ 結果解釋與應用

執行前面的 SPSS 聯合分析的程序，整體摘要的輸出結果如下：

SUBFILE SUMMARY		
Averaged		
Importance	Utility	Factor
PRICE　價格		
23.53	1.7778	1000 元
	-.8889	500 元
	.8889	2000 元

CAPACITY 容量		
23.53	-1.5556	64M
	1.1111	128M
	.4444	256M
TONALITY 音質		
35.29	-2.5556	差
	1.1111	一般
	1.4444	好
FASHION 外形		
17.65	-.8889	傳統
	-.2222	一般
	1.1111	時尚
	4.2222	CONSTANT
Pearson's R = 1.000		Significance=.0001
Kendall's tau = 1.000		Significance=.0002

　　上表中，相對重要程度欄顯示該播放器各種的產品屬性在消費者購買選擇中的重視程度。可見對該消費者而言，播放器的音質是他最關心的，相對重要程度為 35.29%，其次播放器價格和容量也比較重要，這兩個屬性的重要程度都是 23.53%，相對於其它屬性而言，該消費者對播放器的外形並不十分重視，其重要程度是 17.65%。

　　屬性水準的效用欄表示該屬性水準對於該消費者而言的效用值。效用愈高，則表示該特徵水準的產品愈受歡迎。注意這裡對於不同屬性的屬性水準的效用不能進行直接比較，譬如不能說音質好的效用比外形時尚的效用好。但在其它屬性水準相同的條件下，可以對同一屬性下的不同屬性水準進行比較，譬如在價格、音質和容量屬性水準不變的情況下，該消費者認為外形時尚的效用值（1.1111）比外形一般（-0.2222）的效用要高。

　　透過以上分析，可以看出最受該消費者歡迎的播放器產品屬性特徵是：

　　價格：1000 元；容量：128M；音質：好；外形：時尚。

第 1 章
需求調查與聯合分析

本章內容

1.1 需要何種資訊要明確

■ 統計軟體的普及與簡易的分析

　　在教育學、心理學、管理學以及社會學的領域中,常常進行著各式各樣的需求調查。在本書的讀者中,相信也有曾進行過某種需求調查經驗的人。像是「青年的意識調查」、「父母親的需求調查」、「設施利用者的需求調查」、「新商品的需求調查」等,在學生的畢業論文中更是經常見到的主題。

　　此類的調查不僅是利用敘述統計來處理所收集的資料,也活用各種推測統計進行分析。

　　當然,並非是愈複雜的手法就可以導出愈優越的結論。即使只是將原始資料進行單純累計,也可以得出重要資訊的情形也不少。事實上,無法從中將得出的資訊作最大限度活用的人,即使經由其他複雜的處理手續,想適切地從產生的結果中得出重要資訊,也將會是困難的。

　　最近許多人習慣使用個人電腦,統計軟體也能透過選擇指令即可簡單完成分析處理,的確是非常方便的。

　　但是基於此方便性,自己的調查所需要的分析是什麼,不但不清楚,甚至「需要何種資訊」,調查者本身也不甚清楚明白的情形也比比皆是。

　　自己所收集的資訊是什麼,即使在不明的狀態下,如可參考前人的研究也能製作相當不錯的問卷,統計處理的方式如模仿前人研究時,即使自己不加思索也仍然可以從中選擇。並且實際的處理也只要輸入資料,事後再拖移滑鼠,甚至是格式,它也可得出完整的輸出。

　　之後就只需進行考察而已。事實上,即使是如此的作法,仍可具備「相當不錯」的形式,只要不是全然偏離目的之結論,大概不會有太多離譜的情形。

　　或者實際調查之後,以統計軟體嘗試各種的處理方法,當結果出現「統計上的顯著差」,或者重新整理資料後出現「統計上的顯著差」,即完成統計

 Tea Break

- 受惠於統計軟體分析處理的簡便化,就會產生陷入簡易分析結果的傾向。
- 要重視回答者的需求並仔細地閱讀問卷。
- 聯合分析在調查計畫的階段,如未能事先明確得知「需要何種的資訊」時,事後即無法變更。

分析而感到安心或滿足的人似乎也有。

　　或許濫用「統計上的顯著」之滑稽作法是毋庸贅言的，但是由於能利用電腦簡單處理，因之此種傾向一點也用不著操心。事實上雖然困擾，不過身邊都會有人喊出「那樣做是不行的」警訊！

■ 要解讀回答者的迫切希望

　　由於簡便軟體之普及，對任何人來說統計處理有如探囊取物一般是非常可喜的。

　　只要能採行適切的用法時，那麼沒有比工具更重要的了。為了不要濫用此便利性，如果一不注意有可能會忘掉真正重要的事情。

　　那就是「回答者」的存在。

　　每一位「回答者」都是重要的調查協助者。更何況，在需求調查中將「自己的希望化成實際」的期望，藉以委託調查者的情形也有。尤其是社會福利領域的需求調查，希望能更早一天有助於解決現況的課題，此種迫切希望的例子也真不少。

　　調查者一般而言，不行將感情融入調查本身之中。這是為了維持所收集資料的客觀性。

　　可是如留意資訊收集的手續或處理收集資料的方法，以及在結果的解釋上可以保證客觀性時，即使調查者融入感情也是可行的。

　　與其一面保持處理手續的客觀性，一面簡便進行，不如花時間仔細閱讀每一位回答者的問卷更為需要。腦海中請浮現填答此問卷回答者的臉孔。一面好好地想這些事情並一面進行資料的整理，即使是敘述統計，能得到充分資訊的情形也不少。總之，在嘗試各種手法之前，心中惦記這些事情是很重要的。

■ 調查的計畫階段想要得到的資訊應使之明確

　　儘管如此，只依靠敘述統計無法獲得資訊的情形也有。

　　因此在調查的計畫階段，心中一面想著可以利用的各種統計手法的特徵，一面收集自己所需要的資訊與決定分析的手續。

　　此處重要的事情是要好好地想著「自己想得到何種資訊」。

　　本書中列舉的聯合分析（Conjoint analysis），在調查的計畫階段中「想要得到何種資訊」，必須使之明確才行。

　　因為聯合分析在中途無法變更最初所作成的調查計畫。更何況如上述從「不知為什麼」而作成的問卷中所得到的資料，一面尋找「可以採取何種統計處理」，一面發現似乎會「出現顯著差的處理方法」之此種作法等，是絕對不行採用的手法。

　　因此假如調查者本身未適切意識到「自己想得到什麼資訊」，聯合分析將

無法開始。此事除了探索式的手法（真確來說探索手法也有目的）外，所有的手法均是共通的，聯合分析如未好好了解此處，甚至是無法處理的。

首先，請好好記住此事，然後再閱讀本書吧！

 Tea Break

　　資料分析是指用適當的統計分析方法對收集來的大量資料進行分析，將它們加以匯總和理解並消化，以求最大化地開發資料的功能，並發揮資料的作用。

　　在統計學領域，有些學者將資料分析劃分為描述性資料分析、探索性資料分析以及驗證性資料分析。其中，**探索性資料分析側重於在資料中發現新的特徵，而驗證性資料分析則側重於驗證已有假設的真偽證明。**

　　由於資料分析多是透過軟體來完成。這就要求資料分析師不僅要掌握各種資料分析方法，還要熟悉主流資料分析軟體的操作。一般的資料分析我們可以透過 Excel 完成，而**高級的資料分析就要採用專業的分析軟體來進行**，例如 SPSS、SAS 等。

1.2 過去需求調查的問題點

Tea Break

- 呈現實現可能性低的理想性結論
- 為了保證每個問題的獨立性，忽略了受訪者比較多個項目的判斷過程。

　　那麼聯合分析與以往的需求調查有何不同的地方呢？

　　要理解聯合分析的特徵，首先看一下過去方法的問題點吧！

　　一面舉例一面思考看看。

■ 任何一個項目都成為「高需求」的結果

　　需求調查幾乎都是由詢問「需要度」或「重要度」之尺度來構成問卷。

　　利用「你認為○○需要的程度是如何」之詢問形式的問卷來實施調查時，所得到的結果有何種傾向呢？

　　一般社會學等所進行的需求調查，其目的是放在立足於現狀的課題，面對新服務的開發，想掌握服務利用者（預定者）的意識。

　　更進一步說，因為某種服務的「不足」，而處於困擾狀態的人是存在的，對於此種人是如何「具有強烈的需求」，為了表現它的期望程度，而加以企劃調查的有很多。

　　因之此種調查常會浮現出「需求特別高的內容」，又因為將原本需要新服務的人或者對已有服務不滿的人當作回答者，因此以歸納出結果的傾向來看，不管對哪一項目而言，幾乎都是「整體而言需求都很高」。

　　此種調查的目的如上設定時，所下的結論就是「瞧！就是這樣，具有此種強烈的需求！」，如以調查的實施者來看，認為這是非常順理成章的。

　　儘管此處看起來有甚大的問題，但卻有被等閒視之的情形。

　　那就是「前言」中所提到的「實現的可能性」。

　　簡單地說，需求調查所得到的結論，其實現可能性幾乎不被認同的情形，事實上也是有不少的。

　　譬如看護制度開始實施，各種居家看護服務紛紛出現，如所周知已產生許多不滿的問題。基於此種狀況來進行如下問卷調查，分別讓他們對各項目評價「重要度」，假定問卷已製作出如圖 1-1 所示的格式。

往後在利用看護服務時，就以下內容請告知您認為的重要程度。

	完全不 重要	不太 重要	均可	略為 重要	非常 重要
1.持續接受以往所接受的服務。	├	┼	┼	┼	┤
2.可以選擇看護計畫的規畫者。	├	┼	┼	┼	┤
3.利用服務時可以自由選擇時間。	├	┼	┼	┼	┤
4.可從許多的服務中選擇。	├	┼	┼	┼	┤
5.素質高的優秀協助者也包含輪 　班在內可以選擇。	├	┼	┼	┼	┤
6.服務的利用費用低廉。	├	┼	┼	┼	┤

圖 1-1　過去需求調查的問題例

　　到底這些項目是如何進行評價呢？

　　因為每一者均是必要條件（要因），因之如將所收集的資料加以整理時，任一者均顯示為高的平均值。

　　亦即，結論是項目間的平均值有稍許的差異而「任一者均很重要」。

　　此時平均值之差被認為有統計上的顯著差時，就覺得放心，於是下結論說「此項目與其他項目相比，顯示出更高的平均值，因之這是最重視的項目」，此種人也許還不少。

　　另一方面，平均值之差不認為有統計上的顯著差時，結論即為「全部都是高的平均值。任一項目也都被評價為高需求」。

　　上述兩者均是經常見到的結論。如果手續上沒有錯誤，解釋上也就被視為妥當的吧？

　　可是如項目中全部內容都具備的服務，現實中能否準備齊全呢？當然各服務提供者會盡力將自己的優點當作賣點，但是如果未準備一定的服務量時，基於此前提的競爭原理，即無法謀求提高服務品質是很顯然的。

　　亦即調查結果的結論即使呈現任一需求均高，假定服務提供者及周遭也認知到它的需要性，於是立即備妥能滿足所有條件的服務，此種作法任誰也不

會同意的。

　　事實上所謂的服務，一般分別有其優點及缺點兩面，服務提供者以擅長領域為中心投入心力，利用者也依據它來判斷要利用何種服務。

　　關於所有的面，以獲得使用者的滿意為目標是很重要的，但現實中無法滿足所有的服務，不管是提供者也好利用者也好，均很明白這個道理。

　　也因此「任一者都是重要的」之調查結果，是很難變成滿足實際需求的資訊。

■ 相互同時比較數個條件卻無法評價

　　接著，實際上利用者的服務選擇是同時比較數個條件再加以判斷的（沒有選擇餘地的情形也不少。換言之，像是「此條件雖然務必想讓它實現，但依現有情形即使將就些也是沒辦法的」。（話題雖然有些偏離，但參與看護管理的人在計畫之時，請充分意識到利用者的想法。）

　　一般過去的需求調查所採用的方法，因為是使各項目獨立評價，因之相互「同時比較」後再評價是很困難的。那是因為在平均值差的檢定中，不管它是兩者間或三者以上之間，評價項目本身必須保證獨立性才行。亦即，因前後的項目對回答出現影響是不行的。

　　但如上述人的選擇行為，實際上是同時比較數個條件。亦即一般過去的需求調查所採用的方法，是無法充分依循此思考過程的調查。

　　讀者之中也許有人會主張「正因為項目獨立，因之在數個要因間客觀性的相互比較不是可行嗎？」的確，為了保障統計上的客觀性，項目的獨立性是重要的，但是如果無法充分達成掌握實際調查對象之需求時，它不能說是手法的選擇有誤嗎？

　　並且所得到的結果如無法確實掌握回答者的需求，或者它不易了解時，想要準備真正被視為需要的對策，並想去充實時，可能會無法切中要點。

　　為了減少此種可能性，需要有效的需求調查之方法。

　　以往是將問卷調查的結果一度回饋給回答者，再重覆調查或利用面談等，設法使資訊收集有更少遺漏現象發生。

　　此種模式今後也是不可欠缺的，這是不會有異論的。

　　本書所列舉的聯合分析，對回答者的需求調查是能以更明快的方式來表現的手法，它也不是只依據一個調查所得到的資訊，而是要求從各種角度來補充資訊。

　　眼前的要點有兩個，亦即一者是過去的調查結果其實現可能性的問題。調查結果只顯示過於理想的結論，幾乎都是看不出解決的途徑。這顯示「都重要」或「都需要」的結論，使用此種調查手法本身可以說是有問題的。

　　第二是回答者的判斷流程一直被忽略的問題。當人在判斷時，一般是比較

各種條件再提出結論。但過去的無母數統計，因爲各問題的獨立性之保障被視爲需要，因之以各項目分別讓受訪者去評價，那是不依循實際人們判斷流程的調查方法。因之所得到的結果，甚至會出現與實際回答者要求的結論不一定一致的情形。

　　在此種情況下，行銷領域中所活用的聯合分析的手法，可以同時比較數個條件再下決策，具有此種能好好掌握人類思考特性之特徵。

1.3　聯合分析可以做什麼？

 Tea Break

- 在數個名義尺度的要因間，哪一要因受重視在視覺上可以明確。
- 依據分析結果，可修正及模擬條件，向實現需求去調整。
- 以 SPSS 統計軟體可以簡單分析。

■ 最受重視的條件（要因）是什麼？

聯合分析在數個名義尺度的要因間，哪一要因受到重視，可以使之明確。圖 1-2 是利用聯合分析所輸出之結果的一例。

這是對於現職的教師為了取得特殊教育的教師證，假定於研究所或特殊教育學系中已設有學籍之情形，希望能具有何種條件呢？從詢問調查的結果所引用的例子。

在 SPSS 的輸出中略為簡單，但此處根據它重新製作較為易看的圖。

圖 1-2 是使用後面圖 3-5 所說明的問卷實施調查的結果。在圖 1-2 中，設定【課程的種類】、【學習年限】、【證書種類】、【在籍身分】等 4 個要因，且分別表示數個水準（「日間」、「夜間」、「日夜」等）。聯合分析的結果圖，它的詳細看法會在第 4 章詳細說明，此處只介紹其一端。

此圖以結論來說，現職的教師在研究所想取得有關特殊教育的教師證時，最受重視的條件（要因）是【在籍身分】，這比其他任何要因影響還大。具體來說，在研究所等已有學籍而欲取得教師證時，讓他免除對工作的專職條件，對是否想取得該學習機會的判斷，會產生極大的影響。

因此從圖右側所示「相對重要度」的直條圖中，【在籍身分】較為突出是可以理解的。

像這樣聯合分析在所提示的要因間，哪一要因最受到回答者所重視，在視覺上能以更容易了解的結果來呈現。

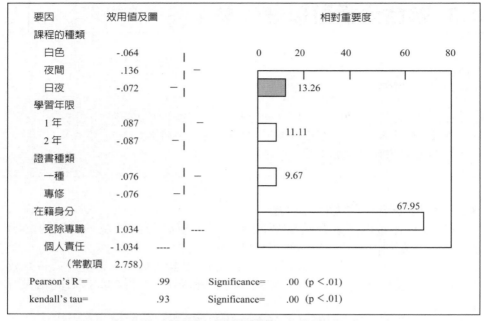

圖 1-2　希望取得證書的聯合分析（註）

■ 各水準如何被評價

　　若「效用值」為正值，是表示回答者所喜歡的內容，若為負值則是表示不喜歡的內容。觀察此值即可掌握各水準是如何被回答者所評價。

　　具體來說，在【課程的種類】中，可知比較喜歡「夜間的課程」，【學習年限】是「1 年」，【證書種類】是「1 種」，【在職身分】是「免除專職」之條件（水準）。

　　如只列舉其中一種項目被喜歡到何種程度時，即使以過去的調查方法也可以知道。

　　譬如計算平均值後有關喜歡的程度可選出高平均值者。

　　在聯合分析中，各水準的部分效用值大小是表示喜歡的程度，因之只要看該值並與過去的方法比較，應該無太大的錯誤。

■ 可以模擬各水準的組合

　　聯合分析的絕妙之處在於以下。

　　它可以利用各水準的組合，就具體內容模擬它的喜歡程度是多少。

（註）：此圖是 SPSS 12V 版本所列印的圖形，25V 已分開使用，此處僅供參考。

　　在過去需求調查的問題點中曾指出，儘管導出「所有都是重要的」結論，然而結論未能與實際結合時是沒有意義的，但聯合分析是根據所表示的結果來「修正條件」，可以向實現去進行調整。

　　如果是圖 1-2 的結果時，最喜歡的水準組合，即爲部分效用值爲正值且將最大的加以組合，也就是「夜間、1 年、1 種、專職免除」。

　　亦即「在夜間所開設的課程、1 年間就可以取得教師證、可以取得的教師證種類是一種證書、同時可以從校務中免除專職」之方式，此種教師證的取得機會是最受到喜歡的。

　　將此以部分效用值的合計分數來表示看看。

　　從各要因選出每一個部分效用值之總合加上常數（本例是 2.758）之後的值稱爲「總效用」，這是表示該組合被喜歡的程度有多少的一種指標。

　　＋ 0.136（課程的種類：夜間）
　　＋ 0.087（學習年限：1 年）
　　＋ 0.076（證書種類：1 種）
　　＋ 1.034（在籍的身分：專職免除）
　　＋ 2.758（常數項）
　　————————————————
　　　4.091（總效用）

　　亦即，本例最喜歡的組合其總效用是 4.091。

　　但依事情而異，如覺得開放夜間課程的實現性假定有困難，不得已將此以白天的課程來因應，假定變更成如此的條件來看吧！

　　此時想知道它是如何被評價的，若使用過去的方法對於此點是無法預料。

　　但若用聯合分析對於此情形只要將【課程的種類】之值換成「白天」之部分效用值即可。

　　－ 0.064（課程的種類：白天）
　　＋ 0.087（學習年限：1 年）
　　＋ 0.076（證書種類：1 種）
　　＋ 1.034（在籍的身分：專職免除）
　　＋ 2.758（常數項）
　　————————————————
　　　3.891（總效用）◀━━ 課程的種類即使變更，值也不太改變

　　與先前最喜歡的水準之總效用值 4.091 相比較時，其差是 0.2，並無甚大差異。

　　可是如現職教師爲了取得新的教師證，無法由學校或教育委員會來關照

時，【在籍的身分】即變更爲「個人責任（亦即以自己的力量取得證書）」
之條件，此時會變成如何？

+ 0.136（課程的種類：夜間）
+ 0.087（學習年限：1 年）
+ 0.076（證書種類：1 種）
− 1.034（在籍的身分：個人責任）
+ 2.758（常數項）
　2.023（總效用）◀── 變更在籍的身分可以看出值有甚大改變

　　此值是 2.023，大幅減小，與最喜歡的組合之差是 2.068。換言之，如果
知道有關【在籍身分】的條件時，對該組合的評價就會大幅下降。

　　縱使其他所有要因是最喜歡的組合且條件已備妥，然而對判斷有甚大影響
之要因如果不是喜歡的條件時，其實際評價就會變低。

　　以本例來說，只要未適切具備有關【在籍身分】的條件，其他的條件即使
已備妥，爲取得教師證而提出想設籍在研究所的教師人數，並不如預期是可
預料的。

　　對回答者來說，洞察哪一要因最受重視，可以模擬此種預測，想將調查結
果與實際相結合，即爲聯合分析的一大優點。

　　聯合分析也可以將調查者特別關心的某水準組合，以事先模擬的方式先設
定好。

　　另外，不光是所有回答者的累計結果，對個人一樣是重視哪一個要因，
也可用先前的圖來表示。根據此種個人的輪廓，再進行分類整理也可加深分
析。

　　聯合分析是同時提示數個要因（將此稱爲整體輪廓法）對具體的水準組合
透過由回答者來評定的方法，回答者具有何種需求，以視覺的方式即可獲取
資訊。

■ 利用 SPSS 的聯合分析

　　「整體輪廓法」是聯合分析的一種手法。

　　聯合分析雖有數種手法，但本書就 SPSS 所採用的「全概念（Full-concept
method）」加以說明。

　　SPSS 統計軟體在使用者介面上甚爲親切，即使初學者也可安心活用。過
去只能在大學的資料處理中心等利用，但目前已提供個人電腦的套裝軟體，
目前 SPSS 已有 28.0 版上市。

　　在這其間，使用已變得更爲方便順手，也出版有許多簡易的書。基於此狀

況，本書決定利用 SPSS 的聯合分析來介紹。另外，SPSS 的聯合分析程式也當作其中一種選項加以提供（SPSS Conjoint）。

那麼就具體內容來說明。依據圖 1-3 的流程，就 SPSS Conjoint 的步驟進行解說。

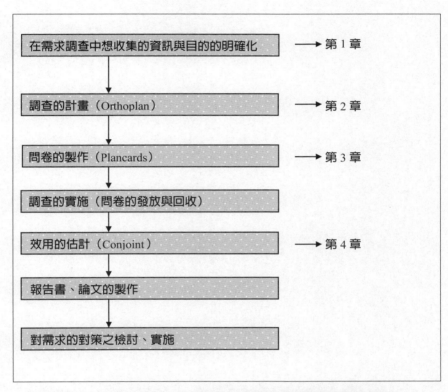

圖 1-3　利用 SPSS 之聯合分析實施調查與處理的流程

Note

第 2 章
使用 SPSS 製作調查計畫檔案

本章內容

2.1 Orthoplan 的概要

Tea Break

• SPSS 的 Orthoplan 指令是為了以最少的調查項目製作問卷而製定的計畫檔案。

■ 在製作問卷之前，首先以 Orthoplan 制定計畫

Orthoplan 具體來說，是就各要因的所有水準組合利用直交表來製作可用於實際調查的水準組合。

簡言之，如先前所敘述，將各要因的各水準組合讓回答者來評價，項目數將變得龐大，顯得不易處理，因之濃縮成最少所需的調查項目即為此手續。此處將圖 2-1 的語法作為例子來解說。

這是在「理想的住宿服務項目」調查中來詢問住宿者，將重點放在哪種內容對「理想的住宿服務」較為重要呢？想要掌握此事所進行的調查。

換言之，想要以此調查得到的資訊，即為「在理想的住宿服務中應該重視的內容（在提示的要因之中）是什麼？」。具體言之，從「理想的住宿服務」所列舉的要素之中，就主要的 6 個要因來說，其各自的內容是否充分引進到實踐中呢？或幾乎未加以引進呢？以此作為水準先準備好。

就此 6 個要因的各水準之種種組合讓回答者評價，並尋找哪一要因受到重視。此處為了製作它的問卷，正是執行 Orthoplan 語法的時候。

當心中有了此觀念之後，請再耐心的閱讀下去吧！

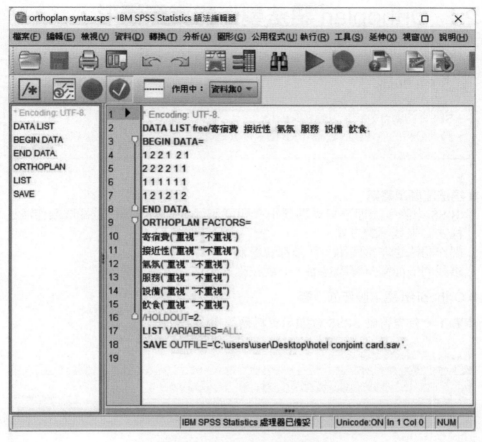

圖 2-1　Orthoplan 語法例

2.2 Orthoplan 語法製作的實際情形

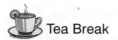
Tea Break

- SPSS 的聯合分析是以語法來執行。
- 聯合分析的適切要因數是 4～6 個，水準是 2～5 個。

■ 語法能簡單書寫

　SPSS 中許多處理都只需點選指令即可執行，而聯合分析是採取製作語法（程式）來執行的方式。

　製作語法也非常簡單，任誰都會書寫，所以請放心。

　讓我們一面觀察實際畫面，一面按程式製作的步驟來說明。

■ Orthoplan 語法製作的步驟

步驟 1　首先啟動 SPSS 會顯示資料輸入畫面。

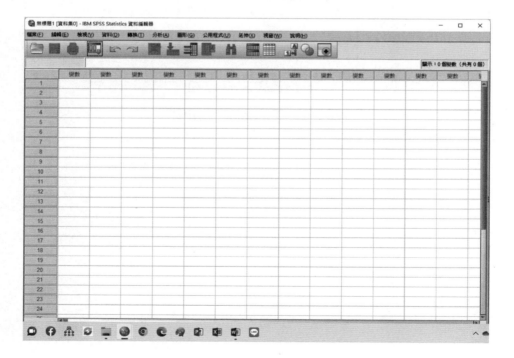

步驟 2　由於 Orthoplan 手續是輸入語法再執行，如圖 2-2 所示。選取【檔案（F）】→【新建（N）】→【語法（S）】來選擇指令。

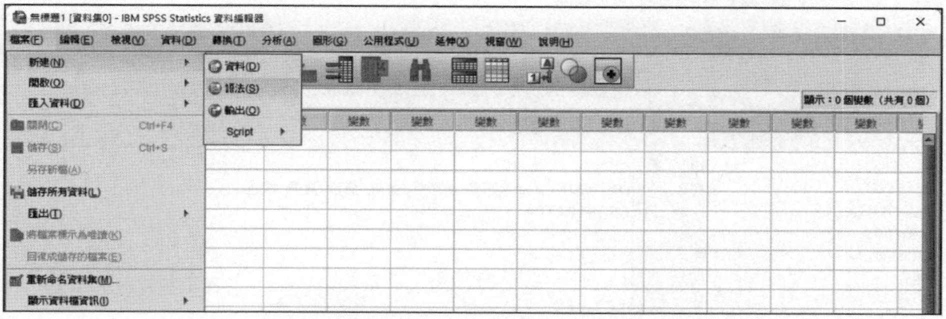

圖 2-2　語法的新製作

於是如圖 2-3 所示，跳出【SPSS 語法編輯器】（空白的語法輸入畫面）。

圖 2-3　語法編輯器

步驟 3 在此處輸入語法，如圖 2-4 所示。

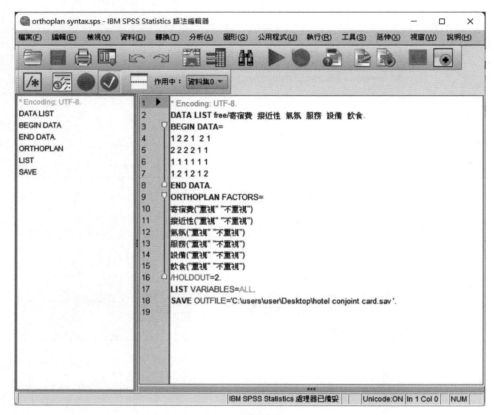

圖 2-4　語法輸入列

Tea Break

> • 使易混淆的「1」與「L」容易區分。
>
> 　如果【語法編輯器】的預設字母字體很小時，可選擇【顯示（V）】→【字型（F）】之指令，如圖 2-5 由於可以選擇字體的大小與種類，因之可以變更成容易看的大小。字母的大小與字體的種類於執行語法時不會影響，因之可以選擇容易讀取且較少錯誤的字體與大小。特別是 1 與 L 容易弄錯的字母，如果選擇可以適切分辨的字體（如 MS Pgothic 字型）時，事後萬一執行語法出現錯誤時，也可以迅速修正。

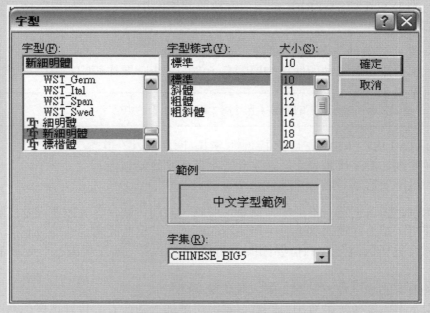

圖 2-5　字體的修正

■ 語法的內容

　就圖 2-4 所表示的語法，以每一列來說明。以下先將圖 2-4 的語法分別以每一小段來表示，再加上解說。

　本例半形字元（指 1 個字元）全部是以大寫字母為主，如用小寫字母也沒關係。

要因的指定

DATA LIST FREE / 寄宿費　接近性　氣氛　服務　設備　飲食 .

程式首先需「指定要因」。

DATA LIST FREE/

✎此部分一定以半形字元來寫。

各單語之間是空格（半形或全形均行）。

所謂 DATA LIST FREE 是指「資料並非欄位指定，而是利用空格加以區別」的形式。

寄宿費　接近性　氣氛　服務　設備　飲食

此部分是定義處理所使用的要因名，亦即調查時要比較的各要因。

✎各要因名以英數或漢字的全形字元（指 2 個字元）表示也行。

DATA LIST FREE/ 寄宿費 接近性 氣氛 服務 設備 飲食 .

各要因名的字母數是半形 8 字元（全形 4 字元）以內。

最後不要忘了句點 .（半形）。

本例是將寄宿費、接近性、氣氛、服務、設備、飲食等 6 個要因當作變數來使用，記得在實際調查表中所使用的要因，必須於此處全部加以記述。

聯合分析因為是在數個要因間進行比較之手法，所以要因數一定要有數個。

各要因的水準最少需要 2 個，最多是 99 個。

但水準數變多，調查項目的數目當然也增加，回答者的負擔也會提高，因之需要充分考慮之後再設定。

一般如果是需求調查，要因數（屬性變數的數目）是 4～6 個，水準數則是 2～5 個左右是適當的（假定全部都是 2 個水準，要因數 10 個左右是上限）。

不用說，此處所定義的 6 個要因，就是在調查表中讓回答者評價「哪一內容受到重視」時所對應的各要因。

以 Orthoplan 製作計畫檔案時，應充分檢討設定有關要因及水準的內容，此作業事實上是很重要的。

關於此時的留意點，請參照第 4 節。

重要

- 要因數是 4～6 個左右。
- 水準數是 2～5 個左右，是適切的範圍。

資料記述

```
BEGAIN  DATA
1.00    2.00    2.00    2.00    2.00    1.00
2.00    2.00    2.00    1.00    1.00    2.00
2.00    2.00    1.00    1.00    2.00    1.00
1.00    1.00    1.00    1.00    1.00    1.00
2.00    1.00    1.00    2.00    2.00    2.00
1.00    2.00    1.00    2.00    1.00    2.00
1.00    1.00    1.00    2.00    2.00    2.00
2.00    1.00    2.00    2.00    1.00    1.00
2.00    1.00    1.00    2.00    2.00    1.00
1.00    1.00    2.00    1.00    1.00    1.00
END  DATA.
```

此部分是模擬用的資料記述欄。

在 BEGIN DATA 與 END DATA 之間記述資料。

全部以半形字元記述。

最後的句點（. 半形）也不要忘了！

此處準備了 1 2 2 2 2 1 等 6 個數據。

這雖然都是為了模擬用由調查者獨自準備的，但此處先指定好，於進行聯合分析時，即可得到該組合被回答者是如何評價的資訊。

調查者可就特別關心的組合，最好先列舉幾個。

下節將會說明此處的 1 或 2 的數字是表示各變數的水準。譬如，1 2 2 2 2 1 時，是就「寄宿費 接近性 氣氛 服務 設備 飲食」的各要因來說，1 是表示「重視」，2 是表示「不重視」的水準值。換言之，「1 2 2 2 2 1」是指重視「寄宿費」，不重視「接近性、氣氛、服務、設備」，而「飲食」的部分則是重視，以此表示如此條件之組合。

利用直交表的計算

ORTHOPLAN FACTORS=
寄宿費 (" 重視 " " 不重視 ")
接近性 (" 重視 " " 不重視 ")
氣氛 (" 重視 " " 不重視 ")
服務 (" 重視 " " 不重視 ")
設備 (" 重視 " " 不重視 ")
飲食 (" 重視 " " 不重視 ")
/HOLDOUT=2.

接著就是根據直交表計算調查計畫的指令。這是利用 Orthoplan 指令來執行。

ORTHOPLAN FACTORS=

於 ORTHOPLAN 之後，利用 FACTORS= 指定所使用的變數。

就 FACTORS= 所表示的變數去執行 ORTHOPLAN 的指令。

ORTHOPLAN 下位的 FACTORS、HOLDOUT 等稱為子指令。

寄宿費 (" 重視 " " 不重視 ")

接近性 (" 重視 " " 不重視 ")

氣氛 (" 重視 " " 不重視 ")

服務 (" 重視 " " 不重視 ")

設備 (" 重視 " " 不重視 ")

飲食 (" 重視 " " 不重視 ")

〈格式〉

變數名 " 變數註解 " (" 水準 1"" 水準 2" ‥‥)

本例水準因只準備 " 不重視 " 或 " 重視 "2 個，所以 ( ) 內也只記述 2 個。

如果水準式 3 個或 4 個以上時，可單純地如下加以列舉：

變數名 " 變數註解 " (" 水準 1"" 水準 2" " 水準 3" " 水準 4" ……)

✎ ( ) " 都是半形。

/HOLDOUT=2.

變數一覽表的最後為指定 HOLDOUT CARD（保留卡、確認卡）的個數。

HOLDOUT CARD 是為了「驗證聯合分析估計效用值的可能性」。

在實際的問卷中，是將此 HOLDOUT CARD 加到原本的調查項目所構成的。

HOLDOUT CARD 的最適切數目雖然取決於調查項目全體的數目，但如果是標準規模的需求調查時，大約 2～4 個左右是適當的。

> ✎全部是半形字元。
> 　不要忘了最後的句點為 . 半形。

┌─ **要因一覽輸出** ──────────────────────────┐

• LIST VARIABLES=ALL.

└──────────────────────────────────────┘

　　LIST 指令是針對計畫檔案中的所有要因（Variables）作成一覽表輸出。實際的輸出是後面的 Conjoint 手續所使用的各要因、各水準的組合、各卡片（項目）的種類，以及這些連續號碼。

> ✎此子指令一定要表記。

┌─ **儲存於外部檔** ──────────────────────────┐

• SAVE OUTFILE="c:\users\user\desktop\hotel conjoint card.sav".

└──────────────────────────────────────┘

　　將利用 Orthoplan 所製作的計畫檔案當作外部檔儲存的子指令。此處是指定儲存在 C 槽以 hotel conjoint card.sav 的檔名儲存。儲存槽及子目錄及檔名的指定是任意的。

　　此處的副檔名是 .sav，通常 SPSS 的資料檔基本副檔名是 .sav，欲確認計畫檔的內容時，以此當作 SPSS 的資料檔來參照是很方便的。指定其他副檔名或不加副檔名也是可以的，但因為是使用 SPSS，著者認為 .sav 或許比較方便。

> ✎此處所指定的檔名或儲存場所，於使用後面的 Conjoint 語法時是需要的，因之請勿忘記。

■ 語法的列印
　　慎重起見，語法最好先列印出來。點選以語法編輯器的【檔案（F）】→【列印（P）】。

2.3 Orthoplan 語法的輸出

Tea Break

- 利用語法的執行完成調查計畫。
- 表示水準組合的卡片，有正規卡、保留卡、模擬卡。
- 語法失誤大多起因於單純的輸入錯誤。

執行第 2 節所製作的語法時，就其輸出加以說明。

■ 語法的執行

為了執行所製作的 Orthoplan 手續的語法，選擇語法編輯器的【執行（R）】→【全部（A）】。

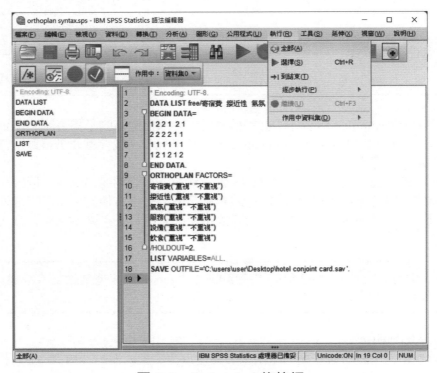

圖 2-6 Orthoplan 的執行

於是輸出視窗即自動開啟，如下顯示結果。

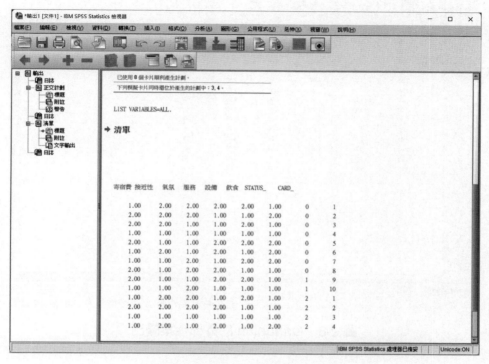

圖 2-7　Orthoplan 的輸出

像圖 2-7 為本例 Orthoplan 的輸出，是在「直交計畫」的輸出結果中附有「清單（Case List）」的標題，並就「各要因」、「STATUS_」以及「CARD_」等 3 個內容加以表示。

此「清單」同時在資料編輯器中也有表示（圖 2-8）。

資料編輯器的左上顯示以外部檔儲存的檔案名稱。

本例是為了在 C 槽以 hotel conjoint card.sav 的名稱當作外部檔案儲存而記述於語法中，資料編輯器的左上表示有 hotel conjoint card（副檔名 .sav 並未表示）。

變數欄中表示有寄宿費、接近性、氣氛、服務、設備、飲食的各要因名稱與 status_ 以及 card_。

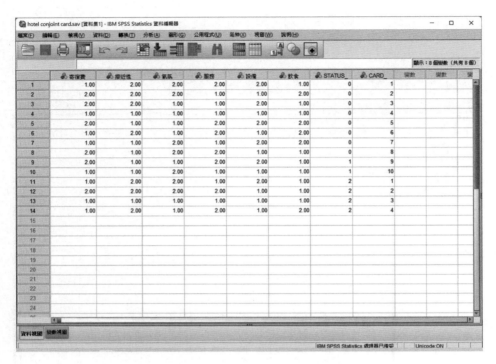

圖 2-8　Orthoplan 的外部檔案輸出

■ 輸出結果

寄宿費	接近性	氣氛	服務	設備	飲食	STATUS_	CARD_
1.00	2.00	2.00	2.00	2.00	1.00	0	1
2.00	2.00	2.00	1.00	1.00	2.00	0	2
2.00	2.00	1.00	1.00	2.00	1.00	0	3
1.00	1.00	1.00	1.00	1.00	1.00	0	4
2.00	1.00	1.00	2.00	2.00	2.00	0	5
1.00	2.00	1.00	2.00	1.00	2.00	0	6
1.00	1.00	2.00	1.00	2.00	2.00	0	7
2.00	1.00	2.00	2.00	1.00	1.00	0	8
2.00	1.00	1.00	2.00	2.00	1.00	1	9
1.00	1.00	2.00	1.00	1.00	1.00	1	10
1.00	2.00	2.00	1.00	2.00	1.00	2	1
2.00	2.00	2.00	2.00	1.00	1.00	2	2
1.00	1.00	1.00	1.00	1.00	1.00	2	3
1.00	2.00	1.00	2.00	1.00	2.00	2	4

各要因欄

本例以6個要因之組合進行調查計畫。每1列是表示1個項目的水準組合。
譬如第 1 列是「1 2 2 2 2 1」，這是一個項目（SPSS Conjoint 將此 1 個項目稱爲「卡片」（card））。

> ✎ 組合的具體讀法請參照第 2 節。
> 　另外，組合的順序與內容有時依 SPSS 的使用環境而有不同。

本例的一覽表全部顯示共 14 個組合。但實際調查使用的項目是從 14 個項目除去模擬卡的。

任一種卡片是屬於哪一種的卡片，說明此事者即爲 status_ 欄。

STATUS_ 欄

請看 status_ 欄。
這應該是由 0、1、2 等 3 種數字排列。
「0」是依據 Orthoplan 手續，從各種組合之中利用直交表所鎖定用於調查之項目。SPSS 將此稱爲「正規卡」。
「1」是表示保留卡（HOLDOUT CARD）。
保留卡是以 HOLDOUT 指令只製作所指定的張數。本例如圖 2-4 所示，以 HOLDOUT 子指令指示製作 2 張保留卡，因之此處顯示 2 張。
本例並未指示 /MIXHOLD 子指令，因之 HOLDOUT CARD 全部顯示在正規卡之後。
「2」是模擬卡。
在 Orthoplan 的手續中，是將語法中的 BEGIN DATA～END DATA 所圍起的範圍中所指定之值照樣加以表示。

CARD_ 欄

card_ 欄是表示所輸出項目的連續號碼。
將正規卡與保留卡彙總後的連續號碼，以及模擬卡的連續號碼可分別加以表示。
本例實際用於調查的是「正規卡」與「保留卡」合在一起的 10 個項目。
模擬卡只表示 4 個，但這並不當作調查項目來使用（以調查項目來說不行記入到卡片或問卷中）。
模擬卡實際上並不被回答者評價，但在 Conjoint 手續時卻被讀取，各回答者對各模擬卡所進行的評價結果即可被輸出。因此對調查者來說，針對特

別關心的水準組合，如可事先當作數個模擬卡加以設定時，那麼在所列舉的模擬卡之中，哪一個組合的評價最高或評價最低，即可立即掌握。

好好考慮之後，如事先設定作為模擬卡的水準組合將會很方便。

注意

調查時使用的只有正規卡與保留卡。

■ 調查計畫的完成

如此即完成調查計畫。先列印輸出結果，按下【檔案（F）】→【列印（P）】即完成。

圖 2-9　Orthoplan 輸出的列印

列印結果接在「直交計畫（Orthoplan）」之後，按「清單」之標題將計畫檔案之內容輸出（圖 2-10）。

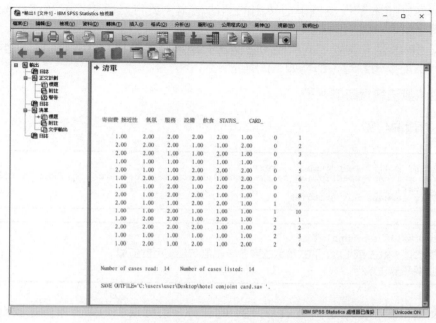

圖 2-10　Orthoplan 的輸出例

■ 若語法未能執行成功

　　雖然按照本書所說明的方法輸入語法，但「未能執行成功」的人或許也有。此時雖然會說出「程式還是很困難，不喜歡！」，但如本章開頭所說的，SPSS 的語法事實上是單純的。

　　若語法未能執行，請勿認為自己沒有程式設計的能力。

　　事實上，極為單純的人為疏忽，幾乎都是原因所在。

　　像 Orthoplan 等極為簡短語法無法順利執行時，主要原因通常有以下幾點。

注意

- 語法的句點並未打上。
- 指令或子指令是全形字元。
- 指令或子指令的拼法有誤。
- 「”」或括號「（）」未正確表記。

　　請好好將本章作為例子而舉出的語法樣本，與自己所製作的語法比較看看。

　　又 SPSS 是非常親切的軟體，當語法有錯誤時，輸出時就會有訊息顯示。譬如未加上句點時，即為如下的情形。

■ 語法無法執行時的例子

例 1 遺漏句點

```
>Error # 4135 in column 1.  Text: 1
>You must not specify the column location for variables read in FREE or LIST
>format.
>This command not executed.
```

```
>Error#4135 in column1, Text:1
> 對於以 FREE 或 LIST 形式讀取的變數來說無法指定行的位置。
> 此指令無法執行。
```

　　此處，在指定第 1 列 DATA LIST 的部分，由於缺少句點（本例是飲食的後面）因之出現失誤。因為未表示子指令的結束，在下一個句點出現以前（亦即 END DATA 的後面），DATA LIST 的變數指定被解釋成是繼續的，因之程式未被執行。

　　本例為此忽略了模擬資料部分的記述，計畫檔案未列入模擬資料。

　　可是即使欠缺句點也並非完全不能執行。SPSS 有時也可適切彌補此種人為疏忽。

　　譬如語法的最後缺少句點時（本例是外部檔指定的後方），如想執行會出現如下訊息。

圖 2-11　錯誤訊息

　　如圖 2-11 出現「找不到指令終止符號。「確定」就可以執行？」的警告時，本例即使照這樣執行，也可適切地製作出計畫檔。

　　此外也有即使跳出「警告訊息」，但仍執行 Orthoplan 指令，依然可以製作出計畫檔案的情形。

例 2 ｜ 警告表示例

```
>Warning # 14499 in column 1.   Text: LIST
>Extraneous information at end of subcommand is being ignored.
```

```
>warning /4499 in column 1. Text:LIST
> 子指令的結束的不適當資訊被忽略。
```

　　這是圖 2-6 的 HOLDOUT=2 之後方的句點欠缺時所出現的警告。本例並未顯示在畫面上，但計畫檔案已作成。

　　當 SPSS 出現這些警告訊息，雖然有時會替我們設法處理後續，但這些訊息若顯示時，請一定要重新檢討語法，修正之後再執行。

例 3 ｜ 指令或子指令以全形字元書寫時

```
>Error # 1.   Command name: O
>The first word in the line is not recognized as an SPSS command.
>This command not executed.
```

```
>Error#1. Command name:0
> 列之中的最初單語以指令而言無法認知。
> 此指令無法執行。
```

　　指令或子指令如以全形字元書寫時，將無法執行語法。例 3 是弄錯 Orthoplan 指令以全形字元書寫時所表示的錯誤訊息。第一個字母的「O」被讀取時，錯誤即加以顯見示。

　　此外若子指令的拼法有誤時，也完全無法執行，因之當顯示「以指令而言無法認知」的訊息時，首先要檢查是否以全形字元書寫？或拼法是否有誤？

　　另外雖然沒有例示，同樣若「"」或「（ ）」欠缺，即無法順利執行的情形也有，因之要充分注意如此的人為失誤。

　　意外地將引號或括弧作成全形字元的情形也有，特別是在語法中的變數名

使用全形的漢字時，將前後所使用的「"」或「（）」當作全形字元的可能性甚高。

全形字元與半形字元弄錯時的判別，只依靠觀察語法是難以發覺的。

「爲何沒有任何地方有錯誤，卻無法執行呢？」爲此感到苦惱的情形也似乎甚多。此時若斷然從頭重新書寫語法，從結果上來看，有時反而能及早解決。因此如果實在無法發現錯誤時，不妨全部重新書寫看看。

2.4　設定要因與水準時的注意點

Tea Break

- 是否要當作「要因」設定呢？是否要當作「水準」設定呢？
- 位於相同向量上的水準是否跨越數個要因呢？
- 是否出現有相反水準的組合呢？
- 水準中「相對性的表現」方法是否適切？
- 「水準」之間的距離是否適切？
- 實際能實現的水準內容是否適切？

■ 調查的企劃是否沒有問題

為了實際的調查，要如何設定要因甚為重要，這是自不待言的。

特別是在教育、心理、社會領域，常有利用聯合分析的需求調查之情形，以名義尺度構成各要因的水準想來會增多，因之需要好好理解此點。

譬如在學生的演練中常有此情形：

「就結婚對象所要求的條件進行聯合分析」，以此主題與幾名學生商談，並考察要因與水準。

他們設想的要因與水準如下。

- 外表（身高、體重、容貌）
- 優點（拘謹、清潔、誠實）
- 缺點（散漫、不整潔、說謊）
- 地位（收入、學歷）

此處顯示 4 個要因與各自的水準 2～3 個。這些是從人們所具備的屬性與特徵中挑出數個所形成，並且想調查在 4 個要因之中何者特別受到重視。

詢問之下「如果是具有如下的特徵時，作為結婚對象希望的程度是如何呢」？

事實上，本例隱藏幾個問題，如按照這樣問卷是無法構成的。

■ 結婚對象看「身高」、「學歷」可以嗎？

首先，是有關作為「要因」應設定什麼？作為「水準」應設定什麼？

這從各要因任意選出一個水準，試著假想項目時即可立即明白。

譬如假定出現「身高、拘謹、不整潔、學歷」的組合。

到底是具有何種特徵呢？完全不得而知，不是嗎？

就「拘謹」、「不整潔」兩個來說還可以，但「身高」、「學歷」作為水準來設定是完全沒有意義的。

換言之，「身高」、「學歷」分別未顯示其「水準」時，是不具意義的。因此如果想設定這些，並非當作其他要因的水準，譬如如果是身高時，像設定「高個子」、「中個子」、「小個子」之水準那樣，必須分別將這些當作具有「水準」的要因水準來設定才行。（事實上，即使如此仍有問題點，這會在第三個問題中敘述）。

像這樣，應被當作「要因」設定者，不要被當作「水準」是需要注意的。

■ 結婚對象是「拘謹」而「散漫」的人可以嗎？

第二，若水準跨越數個要因時。

「優點」、「缺點」的要因，雖然都具有 3 個水準，但這些像「拘謹 ↔ 散漫」那樣分別形成一對，此即兩個水準都位於一個向量之上。

像這樣水準一旦跨越數個要因，於水準的組合時，會出現像「身高」、「拘謹」、「散漫」、「高學歷」之組合，出現無法同時並存的項目。

因此需不要有相反水準當作組合出現的水準設定方式才行。

以本例來說，像【拘謹度「拘謹、散漫」】，【清潔感「清潔、不整潔」】，【誠實性「誠實、說謊」】這樣分成 3 個要因來設定。

■ 173cm 是高個子？中個子？

第三是水準設定時「相對性的表現方法」之問題。

這雖然與上述所有的要因有關，但所設定之水準的相對性關係之表現是否適切，有需要確認。

譬如剛才談及的要因「身高」，雖設定「高個子、中個子、小個子」等三個水準，但這些均是不明的基準。

故區分此 3 個水準的說明是需要的。

像此情形，以數值分成 175cm 以上，160～175cm，160cm 以下，就可具體的知道基準來設定水準了。

依內容而異，也有未提供此種喜歡的資訊。此情形可附註說明水準的略解。

又像本例的詢問（作為結婚對象的條件），可以預料與回答者本身身高的相對性關係，倒是會影響判斷。

此情形不如設定與回答者的相對性關係來判斷的水準，可以認為較為適切。

（例如：「身高比自己高」、「與自己一樣高」、「身高比自己低」）。

■ 兩極端的選項或幾乎無差異的選項

　　另外，雖不包含在本例，但有需要注意以下情形，亦即水準間距離的問題。

　　顯然的，一個要因內水準之間的距離如較接近（一個要因內的各水準內容不太有差異）時，以該水準所構成的要因與其他的要因相比較，「相對重要度」容易被低評估。

　　相反的，如水準之間的距離較遠時（一個要因內的各水準內容如設定甚大差異），該要因與其他要因相比較，它的「相對重要度」會被高評估。

　　下方列舉極端的例子看看。

　　某看護服務事業者想掌握利用者的需求，於是利用以下 2 個要因來實施調查。具體的調查目的，假定是想洞察利用者在選擇服務時是重視「派遣協助者的素質」與「服務利用價格」的哪一個要因。

　　事實上設定此種極端的調查項目是不可能的，但此處為了容易了解說明，因之請勿見怪。

　　此處回答者就「派遣協助者的素質」與「服務利用價格」之取捨來說，是從具體的提示來選擇再進行評定。

　　但構成「派遣協助者之素質」的要因之水準，只能準備兩個極端的設定，像是「非常優秀的協助者」與「非常差勁的協助者」。

　　相反的，「服務利用價格」在設定上幾乎沒有差異。

要因	水準
• 「派遣協助者之素質」	「非常優秀、非常差勁」
• 「服務利用價格」	「$10000，$10010，$10020」

　　後者不管出現哪一水準對回答者來說應該可以認為「沒有什麼太大的差異」。

　　對於要選擇哪一種服務時，就變成只依賴「派遣協助者之素質」了。

　　但是此要因因為只準備兩個極端的水準，任誰都會選擇「非常優秀的協助者」是很明顯的。

　　若以此種水準的設定方式所製作的問卷，並將所得到的資料進行聯合分析，從結果所得到的結論即為「服務利用者非常重視協助者之素質，服務利用時的價格幾乎不成問題」。

　　進行聯合分析時，水準間之評價的差異大小，因為是評定該要因之重要變數時的線索，因之如果水準間之差異過於極端或過小時，在比較要因之間時，就會有問題。

　　實際的調查意向是為了查明在選擇服務時「派遣協助者之素質」與「服務利用價格」的兩個條件是如何比較的？所以就協調者的素質來說，增加水準數使之不要成為極端的內容項目；就價格來說，要增大金額的差異，加寬水準間之間隔是需要的。

　　在行銷領域裡，聯合分析的各要因水準間隔，應當儘量使之相等，而在實際的調查中，因為設定出各種內容的要因，因之此表現也許不易理解。

　　要注意水準的內容是否過於極端？或內容的差異是否幾乎沒有？接著更重要的是要確認各水準「是否實際可能存在（或將來能否實現）」。

第 3 章
使用 SPSS 製作問卷

本章內容

3.1 Plancards 的概要

Tea Break

- SPSS 的 Plancards 指令是根據 Orthoplan 所製作的計畫檔案來製作問卷。

■ 問卷的製作是利用 SPSS

　SPSS 在問卷的製作上是利用 Plancards 指令來執行。但是問卷的製作不一定需要使用 Plancards。想追加調查用的李克特量表或調整體裁的作業時，利用 Word 等工具也是非常方便的。

　Plancards 是根據 Orthoplan 所製作的計畫檔案，以一覽表形式或卡片形式來製作問卷。

　若採卡片的形式時，各卡片要加上標題，或者可以表示成文字或文章當作註解。

　如上述爲了調整細部的體裁，根據 Orthoplan 的輸出，以 Word 製作問卷較爲美觀。但即使只利用 SPSS 也可製作出非常不錯的格式，特別是卡片的情形，仍可照樣使用。此處以如下所示的語法爲例進行解說。

```
DATA LIST FREE / 寄宿費 接近性 氣氛 服務 設備 飲食 .
VARIABLE LABELS
寄宿費    ' 渡假飯店的寄宿費 '
接近性    ' 渡假飯店離車站近 '
氣氛      ' 渡假飯店客房內的氣氛 '
服務      ' 渡假飯店的服務 '
設備      ' 渡假飯店的設備 '
飲食      ' 渡假飯店的飲食 '.
value labels
寄宿費          1.' 重視 '        2.' 不重視 ' /
接近性          1.' 重視 '        2.' 不重視 ' /
氣氛            1.' 重視 '        2.' 不重視 ' /
服務            1.' 重視 '        2.' 不重視 ' /
設備            1.' 重視 '        2.' 不重視 ' /
飲食            1.' 重視 '        2.' 不重視 ' /.
BEGIN DATA
1.00     2.00     2.00     2.00     2.00     1.00
2.00     2.00     2.00     1.00     1.00     2.00
2.00     2.00     1.00     1.00     2.00     1.00
1.00     1.00     1.00     1.00     1.00     1.00
2.00     1.00     1.00     2.00     2.00     2.00
1.00     2.00     1.00     2.00     1.00     2.00
1.00     1.00     2.00     1.00     2.00     2.00
2.00     1.00     2.00     2.00     1.00     1.00
2.00     1.00     1.00     2.00     2.00     1.00
1.00     1.00     2.00     1.00     1.00     1.00
END DATA.
PLANCARDS format=BOTH
/TITLE=' 此卡片的號碼是 )card ' ' '
' 對住宿飯店的要求是重視什麼？'
/FOOTER=' 以 5 級評價，其中 '
'5: 最高評價 '
'1: 最低評價 '
' '
' 此卡片的評價是 :---------'
/OUTFILE='C:\users\user\desktop\hotel conjoint card.doc'
/paginate.
```

圖 3-1　Plancards 的語法一覽表例

3.2 Plancards 語法製作的實際情形

Tea Break

- 輸出問卷時為了容易理解可加上註解或文字列。
- 問卷能用一覽表形式或單一卡片形式輸出。

與 Orthoplan 手續相同，Plancards 手續也要輸入語法使之執行。

■ 一般的製作情形

在 SPSS 啓動的狀態下，按【檔案（F）】→【新建（N）】→【語法（S）】選擇指令。

在顯示【SPSS 語法編輯器】（空白的語法輸入畫面）之前，與 Orthoplan 手續之情形完全相同。在此編輯程式輸入如圖 3-1 所表示的語法。

本例半形字元全部以大寫字母（希臘字）表示，但小寫字母也行。

但指令一定要使用半形字元 !! 若使用全形字元語法即無法辨識。

■ 語法的內容

按每一列的方式說明 Plancards 語法的內容。

要因的指定

DATA LIST FREE / 寄宿費　接近性　氣氛　服務　設備　飲食 .

此部分與 Orthoplan 語法之情形完全相同，亦即要定義用於處理的要因名。以 Plancards 製作計畫檔案時所使用的要因請記入此處。

✎DATA LIST FREE/ 的部分一定要以半形的英文字母來書寫。
　各單語之間空一格。空格的大小取多少都行，以適當的空隔為宜。
　各要因名以漢字的全形字元也行。
　（各要因名的字母數為半形 8 字元以內（全形 4 字元））
　最後不要忘了句點 .（半形）。

```
┌─ 要因註解的指定 ──────────────────────────────┐
│                                               │
│  VARIABLE　LABELS                             │
│  寄宿費    '・渡假飯店的寄宿費'                │
│  接近性    '・渡假飯店離車站近'                │
│  氣氛      '・渡假飯店客房內的氣氛'            │
│  服務      '・渡假飯店的服務'                  │
│  設備      '・渡假飯店的設備'                  │
│  飲食      '・渡假飯店的飲食'.                 │
│                                               │
└───────────────────────────────────────────────┘
```

VARIABLE LABELS 是指各變數的註解（要因註解）。

亦即爲了具體表示問卷中各要因的內容而記述。

此處如未事先設定內容的註解時，當問卷輸出時回答者就會不知道各要因具有何種意義，因此表現方式要明顯且容易理解。

> ✎「'（引號）」記號是半形字元。後面的「'」請不要遺忘。

爲了作成容易看的語法，應注意空格的方式

爲了容易觀察語法，在要因名後適當加入空格使內容之間看起來一致。像 SPSS 語法可方便地使用空格使之容易閱讀。即使語法錯誤也可容易發現。另外，各內容欄的前頭雖加上「・」，但這是爲了輸出時以條列式看起來美觀而加上去的，於是加或不加均可。

```
┌─ 水準註解的指定 ──────────────────────────────┐
│                                               │
│  VALUE      LABELS                            │
│  寄宿費     1.'重視'      2.'不重視'/          │
│  接近性     1.'重視'      2.'不重視'/          │
│  氣氛       1.'重視'      2.'不重視'/          │
│  服務       1.'重視'      2.'不重視'/          │
│  設備       1.'重視'      2.'不重視'/          │
│  飲食       1.'重視'      2.'不重視'.          │
│                                               │
└───────────────────────────────────────────────┘
```

VALUE LABELS 是指各水準的註解。

本例任何要因均同樣準備 2 個水準。

其格式如下。

<格式>
要因名 水準值 1 ' 水準 1 註解 ' 水準值 2 ' 水準 2 註解 '……./

☜ 水準值一定當作「半形的字元」。

　　如果省略 VALUE LABELS 子指令時，輸出時各水準之值只會以數值表現。當然水準如果是名義尺度時，表現什麼即不得而知。

　　各要因水準值的數目，必須與 Orthoplan 手續時各要因所設定的水準數要一致。

　　本例所有要因的水準數均為 2，水準數要有幾個依要因而異，因之注意是否形成對應。

　　各列的結果要加上「/」（除掉最後列）。

　　另外，VARIABLE LABELS 與 VALUE LABELS 是一組定義註解的指令。不要忘記兩者於最後分別要加上句點「.」！

資料記述

```
BEGIN DATA
1.00    2.00    2.00    2.00    2.00    1.00
2.00    2.00    2.00    1.00    1.00    2.00
2.00    2.00    1.00    1.00    2.00    1.00
1.00    1.00    1.00    1.00    1.00    1.00
2.00    1.00    1.00    2.00    2.00    2.00
1.00    2.00    1.00    2.00    1.00    2.00
1.00    1.00    2.00    1.00    2.00    2.00
2.00    1.00    2.00    2.00    1.00    1.00
2.00    1.00    1.00    2.00    2.00    1.00
1.00    1.00    2.00    1.00    1.00    1.00
END DATA .
```

　　此處請填寫在 Orthoplan 中所製作之計畫檔案的各要因組合。

　　但 STATUS ＿及 CARD ＿有關之值不必寫。本例是以 6 個要因製作計畫檔案，因之各列均由 6 個值所構成。

☜ 此處必須要注意的是記載的順序。

　　一定要按照 Orthoplan 手續中所製作的「順序」填寫。

　　此處如弄錯順序時，也有可能使調查本身變成完全無效的情形（嚴格來說雖能救濟，但事後很麻煩）。

問卷的輸出

PLANCARDS FORMAT = BOTH

　　利用 Plancards 指令來進行調查問卷的輸出。
　　FORMAT 是指定輸出格式。
　　輸出的格式有如下三種選擇。

　　LIST……以一覽表形式輸出。
　　CARD……以單一卡片輸出。
　　BOTH……以一覽表形式及卡片形式輸出。
　　（All……與 BOTH 完全相同）

　　要以一覽表形式執行輸出呢？或以單一卡片形式執行呢？或者以兩者的形式執行呢？請選擇其中一者來指定。
　　另外，若選擇兩者輸出時，以 BOTH 或 ALL 的任一者均可（ALL 是與BOTH 具有相同功能之指令）。

> ✎ 任一者均以半形字元書寫。

輸出文字列

```
/TITLE=' 此卡片的號碼是 )card ' '
' 對住宿飯店的要求是重視什麼？'
/FOOTER=' 以 5 級評價，其中 '
'5: 最高評價 '
'1: 最低評價 '
' '
' 此卡片的評價是 :---------'
```

　　TITLE 子指令是讓以引號所圍起的文字列內容輸出。

　　如為一覽表形式時，只會在一處輸出。

如為單一卡片形式時，會在所有卡片的最上方輸出。

此外也可指定跨越數列的輸出。

此情形，每一列的內容是以引號圍起來表示。又空白列若像引號這樣列入空白的文字列或空格。本例指定連同空白列在內輸出 8 列。

在 TITLE 子指令中，將連續的號碼表示在各卡片上也是可能的。

這是使用可讓連續號碼輸出之記號來指定變數。

<格式>

）CARD

利用像這樣指定，以 Orthoplan 輸出時，可以表示 CARD __所顯示的一連串號碼。

如省略 TITLE 指令時，TITLE 有關什麼也未表示，如無特別需要時，也可不表示。若為單一卡片形式時，如能表示連續號碼就會很方便。

FOOTER 的指定

```
/FOOTER = '以 5 等級評價。但是'
          '5：可以最高評價者'
          '1：只能最低評價者'
          ' '
          '此卡片的評價是_____'
```

FOOTER 子指令在一覽表形式中是放在最後，在單一卡片形式中是在各卡片的最下方指定所表示的文字列。此處通常幾乎都是先寫好對回答者指示評價方法的內容。

本例會輸出針對各卡片進行 5 級評定的指示。之後的 Conjoint 語法，由回答者評定的方式可以指定 3 種，待充分檢討採用哪一處理方法之後，再決定製作何種問卷。

具體言之，如本例有記分的方式；就各項目設定順位的方式；以及單一卡片形式時，將所有的卡片由評價高者依序排列後記錄卡片號碼的形式。

✎ 評價情形請參考第 4 章。

FOOTER 的格式規則與 TITLE 完全相同，將想輸出的文字列以引號包圍著。空白列也以引號來包圍著空格。如省略 FOOTER 子指令時，可見於註腳處未表示文字列。

本例的 FOOTER 是指示包含空白列在內輸出 5 列。
SPSS categories 手冊也有如下表示的例子。

```
/FOOTER = '0   1   2   3   4   5   6   7   8   9   10'
          'Not at all    May or may    certainly '
          'Likely to         not          would  '
          'Purchase       purchase       purchase '
        '.......................................................'
```

　　像這樣也可輸出李克特量表形式的回答選項。
　　李克特量表形式的輸出，顯然使用 Word 也可美觀完成，但即使只以 SPSS，如用高明的設法也足夠使用。但使用 FOOTER 的李克特量表形式，只在單一卡片形式時才有效。
　　即使以 FOOTER 子指令輸出李克特量表形式的回答選項，對於一覽表形式的情形是沒有意義的。因為在一覽表形式中 TITLE 與 FOOTER 只輸出一次的緣故。

檔名的指定

/OUTFILE = "c:\users\user\desktop\hotel conjoint card.doc"

　　OUTFILE 子指令是將單一卡片形式的各卡片當作外部檔案輸出時的指定檔名。檔案是以正文（Text）形式輸出。
　　指定儲存外部檔案的槽名與檔名。儲存場所或檔名、副檔名並無限制。
　　如省略 OUTFILE 子指令即無法輸出外部檔案。

換頁的指定

/PAGINATE .

　　PAGINATE 子指令只在卡片形式輸出時才有效，這是對各卡片指示「換列」的子指令。
　　亦即各卡片被輸出到新頁面上。
　　想照樣利用以 SPSS 製作的單一卡片形式問卷時，是有效的子指令。
　　相反的，將所輸出的內容如想要以 Word 編輯再製作問卷時，未特別指定

也行。未指定時，是不記入「換列」的控制文字。

又以一覽表形式進行輸出時，即為無效的子指令。

本例此指令是放在語法的最後，故在最後要加上句點「.」，請不要將此遺漏。

輸出一覽表形式時，要加在其前面列的最後。總之，請記住「語法的最後一定要打上句點 .」。

■ 在語法內指定與 Orthoplan 的手續相同

至目前為止，是利用作成之 Orthoplan 的計畫檔案內容來舉例說明。

可是對此情形來說，計畫檔案的內容必須再次以 BEGIN DATA 與 END DATA. 圍起來表示等，太過於任意使用也有不好的時候。

SPSS 也可以將 Plancards 手續與 Orthoplan 同時完成，就此方法也簡單說明。

只說明與 Orthoplan 的連續部分時，即為如下。

```
ORTHOPLAN FACTORS =
寄宿費 ( " 重視 " " 不重視 " )
接近性 ( " 重視 " " 不重視 " )
氣氛 ( " 重視 " " 不重視 " )
服務 ( " 重視 " " 不重視 " )
設備 ( " 重視 " " 不重視 " )
飲食 ( " 重視 " " 不重視 " )
/HOLDUCT = 2.
PLANCARDS FORMAT=BOTH/OUTFILE='c:\users\user\desktop\hotel conjoint card.doc'
```

實際當作可以執行的語法時，像以前所說明的 DATA LIST 的指定、各要因註解的設定、TITLE 與 FOOTER 的設定等是需要的，但此處僅止於能繼續指定的例示。其理由是製作兩個連續的語法時，像很多文字列的指定或要因之註解的設定等，語法本身將變得很長，因之容易犯下打字失誤或文法錯誤。並且如有打字失誤時，找出失誤也是很累人的。如為尚不太熟悉程式的人，以個別製作 Orthoplan 與 Plancards 的語法或許比較好。

■ 語法的列印

Plancards 的語法是否已順利書寫了呢？此處慎重起見，語法最好先列印。以語法編輯程式的【檔案（F）】→【列印（P）】即完成。

不利用 **Plancards** 也可進行聯合分析
如以上所見，在 Plancards 手續中子指令並不多。 不同於 Orthoplan 當作另一種語法製作之情形，或是與 Orthoplan 一起執行之情形，任一者皆有優點與缺點。 對初學者來說，分別製作語法較為清楚，所以推薦此方法。 總之，以 SPSS 的 Plancards 手續製作問卷時，由於有其調整體裁之界線，因之考慮以下再利用。 即使完全不利用 Plancards 手續，而只以 Orthoplan 與 Conjoint，也可利用 SPSS 執行聯合分析。

3.3 Plancards 語法的輸出

Tea Break

- 利用語法執行完成問卷。
- 語法失誤太多是由於忘記水準註解的區分，與 Orthoplan 的要因數不一致。
- 也可以利用 Word 調整體裁。

以下就第 2 節所作成的語法，於執行時的輸出予以說明。

■ 語法執行

欲執行所製作之手續的語法，可選擇語法編輯器的【執行（R）】→【全部（A）】。

於是跳出瀏覽器視窗，顯示出結果。

■ 輸出結果：一覽表形式

如圖 3-2，本例的 Plancards 輸出，是繼「計畫卡的製作」之標題，以一覽表形式由 Card 1 依序輸出。

如為一覽表形式，在所有卡片一覽表的最上方，其 TITLE 所指定的內容是接在 Title: 的表記後加以表示。

又途中雖未完全表示，但以 FOOTER 所指定的內容，如捲到最下方時，最下面會以 FOOTER: 加以表示。

■ 輸出結果：單一卡片形式

本例由於是以 FORMAT 指定 BOTH，因之一覽表形式與單一卡片形式也一併製作。

這因為是以 OUTFILE 子指令來指定，所以當作外部檔案 hotel conjoint card.doc 加以製作。

事實上各卡片是一張張地輸出，以一個框所包起來的部分可以想成一頁所輸出的部分。

各卡片記載有以 TITLE 子指令及 FOOTER 子指令所指定的內容。

卡片的連續號碼是依據)CARD 的指定。

如果是此程度的輸出時，只有極少部分要調整體裁，其他幾乎可照樣使用。

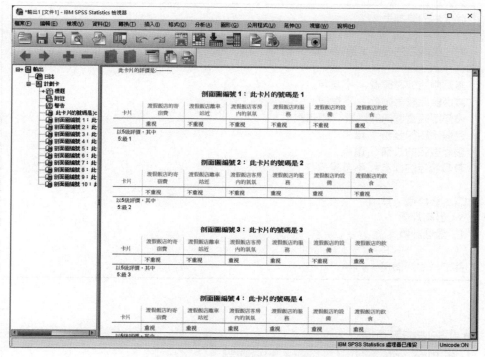

圖 3-2　Plancards 輸出

此卡片的號碼是 1

對住宿飯店的要求是重視什麼？

渡假飯店的寄宿費　重視
渡假飯店離車站近　不重視
渡假飯店客房內的氣氛　不重視
渡假飯店的服務　不重視
渡假飯店的設備　不重視
渡假飯店的飲食　重視

以 5 級評價，其中
5：最高評價
1：最低評價

此卡片的評價是：---------

此卡片的號碼是 2

對住宿飯店的要求是重視什麼？

渡假飯店的寄宿費　不重視
渡假飯店離車站近　不重視
渡假飯店客房內的氣氛　不重視
渡假飯店的服務　重視
渡假飯店的設備　重視
渡假飯店的飲食　不重視

以 5 級評價，其中
5：最高評價
1：最低評價

此卡片的評價是 :---------

　　　　:
　　　　:

■ 語法未能執行時
　　在 Plancards 語法中常見如下的錯誤點。

注意

• 在 VALUE LABELS 子指令中，區分各要因的「/」遺漏。
• 以 Orthoplan 手續所作成之計畫檔的內容未在 BEGIN DATA 與 END DATA 之間正確
　記載（特別是要因數不一致）。
• 語法的句點未加上句點「.」。
• 子指令是全形字元。
• 指令的拼法有錯誤。
• 引號「'」與刮號「（）」未正確表現。

　　尤其是水準的註解區分容易忘記，因之要注意。
　　又 Orthoplan 所製作的計畫檔案其要因數與 Plancards 手續的要因數不一
致時，BEGIN DATA～ END DATA. 所圍起的範圍內數據未正確被讀取，就
會有錯誤的輸出。
　　其他的注意事項與 Orthoplan 所表示的內容相同。

■ 問卷完成

如此一來 Plancards 的手續即完成，試著列印輸出結果。

列印以【檔案（F）】→【列印（P）】來執行

以 Plancards 所製作的輸出列，請參照圖 3-2 及圖 3-3。

如為單一卡片形式時，取決於內容問卷可以說是完成。

但以一覽表形式或即使是單一卡片形式仍要作成已調整體裁問卷時，以 Word 等加工是有需要的。亦即，剩下製作「由回答者的評定欄」之作業。此部分的製作以 FOOTER 指令總覺得放心不下。

對於需要顯示評定欄的問卷，請參照下方幾個例子。

此時要注意的是，如前述在 Conjoint 手續中由回答者來評定的方法要能對應 3 種。

當然為了與此對應，在製作問卷時必須先決定要利用哪一種評定方法。以下示範 3 種問卷。

■ 問卷的例一　以 Word 整理體裁
　　讓項目加上「順位」的方式。如下例是將 Orthoplan 所輸出的結果作成問卷。

經驗	知識	對等	援助	STATUS-	CARD-
2.00	2.00	1.00	2.00	0	1
1.00	1.00	1.00	1.00	0	2
2.00	1.00	2.00	2.00	0	3
1.00	2.00	2.00	2.00	0	4
2.00	2.00	1.00	1.00	0	5
2.00	1.00	2.00	1.00	0	6
100	1.00	1.00	2.00	0	7
1.00	2.00	2.00	1.00	0	8
2.00	1.00	1.00	1.00	1	9
1.00	1.00	2.00	1.00	1	10

↓

就以下的內容，以「障礙理解教育」的授課來說，認為最喜歡的順序由 1 到 10 加上順位。但儘可能不要有相同的順位，由 1 到 10 的數字只能使用一次。

對障礙兒的偏見與差別意識的改善指導	對障礙與障礙兒的正確知識的傳達	促進同年紀的小孩之間形成對等關係	學習對障礙兒的具體援助技術	順位
多	多	少	多	
少	少	少	少	
多	少	多	多	
少	多	多	多	
多	多	少	少	
多	少	多	少	
多	少	少	多	
多	多	多	少	
多	少	少	少	
少	少	多	少	

圖 3-4　以 Word 加工的問卷例

■ 問卷的例二：Plancards 所製作者

　　前頁的例子是以單一卡片形式輸出者。按順序排列卡片，調查者將卡片的號碼按回答者所排列的順序來記錄的方式（Orthoplan 的輸出省略）。

此卡片的號碼是 1

以障礙理解教育來說，以下的內容會如何評價？

• 對障礙兒的偏見或差別意識的改善指導　　　多

• 對障礙或障礙兒的正確知識的傳達　　　　　多

• 促進同年紀的小孩之間對等關係　　　　　　少

• 學習對障礙兒的具體援助技術　　　　　　　多

此卡片的號碼是 2

以障礙理解教育來說，以下的內容會如何評價？

• 對障礙兒的偏見或差別意識的改善指導　　　少

• 對障礙或障礙兒的正確知識的傳達　　　　　少

• 促進同年紀的小孩之間對等關係　　　　　　少

• 學習對障礙兒的具體援助技術　　　　　　　少

　：

　：

這些卡片合計準備 10 張，回答者將從評價高的依序將卡片排列。

■ 問卷的例三：以 Word 調整體裁

以 5 等級的李克特量表評定的方式（Orthoplan 的輸出省略）。

　　對於特殊教育各縣級教師證的取得，假定以如下的條件準備之後，就各種情形是否以該條件想取得呢？請評價。

　　（對於所提出組合外的組合可透過聯合分析的方法以統計的方式進行估計）。

* 　白間課程：白天開設的課程
　　夜間課程：夜間開設的課程
　　日夜開課：日夜間並學的課程
　　一種證書：一種證書可以取得之課程
　　專業證書：專職證書可以取得之課程
　　專職免除派遣：在籍學校的專職免除
　　個人負擔參加：取決於個人的責任與負擔

	〔年限〕	〔證書〕	〔參加型態〕	此條件不想取得	儘可能避免此條件	均可	此條件也行	務必以此條件取得
1. 白天課程	2 年間	專職證	個人負擔參加					
2. 夜間課程	1 年間	專職證	專職免除派遣					
3. 夜間課程	2 年間	專職證	專職免除派遣					
4. 白天課程	2 年間	一種證	專職免除派遣					
5. 日夜課程	1 年間	一種證	個人負擔參加					
6. 白天課程	1 年間	專職證	個人負擔參加					
7. 白天課程	1 年間	一種證	專職免除派遣					
8. 夜間課程	2 年間	一種證	專職免除派遣					
9. 白天課程	1 年間	一種證	個人負擔參加					
10. 白天課程	1 年間	專職證	專職免除派遣					
11. 白天課程	1 年間	一種證	個人負擔參加					
12. 白天課程	2 年間	一種證	個人負擔參加					

圖 3-5　以李克特量表評定的問卷（Word 加工）

Tea Break

- 調查在實施以前非常重要。

　在畢業論文等方面想實施意見調查的各位，「趕快進行調查，想早些得到結果」如此的心情是可以理解的，但稍微等一下！

　如第一章所說，調查在準備與計畫上是非常重要的。如只是慌慌張張、馬馬虎虎的準備，事後必然承受痛苦，後悔莫及。

　舉例來說，就像高空彈跳的繩索忘了掛鉤之下「3，2，1，跳！」是一樣的。跳了之後才發覺「糟了！」也不知如何是好？是很可怕的！

　為了不要有此種事情發生，調查的準備要充分的下功夫。例如「自己想知道的事情是？」、「目前很清楚的事情是？」、「結果的預想是？」、「問卷的結構是？」等許多要考慮的事。要仔細地將這些消化掉！

　以指標來說，包含問卷的製作，在調查的實施前將全部時間撥出 7 成是適當的。

　當苦惱於調查計畫而心生混亂時，不妨去心靈的高空彈跳吧！頭腦將變得一片空白而感到舒暢！

Note

第 4 章
使用 SPSS 的聯合分析處理

本章內容

4.1 Conjoint 的概要

Tea Break

> • SPSS 的 Conjoint 指令是使用以 Orthoplan 所製作的計畫檔案，對回收資料
> 進行聯合分析。

■ 根據計畫執行分析

Conjoint 是利用 Orthoplan 所製作的計畫檔案，將所回收的資料進行聯合分析之處理。具體言之，是針對各要因的水準估計部分效用值。

SPSS 中部分效用值的估計是使用「最小平方法」。

問卷如前章所說明的，是根據由 Orthoplan 的計畫檔案使用 Plancards 或 Word 來製作者。

聯合分析是進行各受訪者的輪廓、全體摘要、模擬卡的摘要、各受訪者的效用值及外部檔案的輸出等。

本章以兩個語法一覽表（將資料記述到語法內之情形以及製作另外檔案之情形）為例進行解說。

並且就後者的資料檔案製作方式也簡單加以介紹。

4.2 Conjoint 語法製作的實際情形

Tea Break

- 教育、心理、社會領域的調查中，受訪者設定 50～200 人是適當的。
- 資料的記述有包含在語法中的方法，以及作成另外檔案的方法（此時注意變數名的記入失誤）。

■ 調查的實施

實施所製作的問卷，並收集資料。

本例是透過圖 3-4 的問卷實施調查後使用所得到的資料。

在行銷領域中所實施的聯合分析，回答人數大約 100～1000 人左右被認為是適當的，但在教育、心理、社會領域中的調查，大約 50～200 人左右的人數是適當的。

回答人數愈多，模式的適配程度 (以 Pearson 的相關係數表示) 有愈佳的傾向，但如問項數目是 10 個左右的問卷時，即使是 50 人左右的數據，也可以得到妥當的結果。

在聯合分析需充分斟酌調查對象者的設定。參照調查內容，是否選擇適切的樣本，皆要特別慎重檢討。

如果疏忽個人取向將變得非常多樣，此時利用聯合分析所得到的全體摘要，幾乎不具意義的情形也有可能發生。

當模式的適配程度太差時（Pearson 的相關係數非常低），調查結果本身即變得不具意義，特意進行的調查有可能變成浪費。

因此實施調查時，心中要記住「聯合分析在事後修正是無效的處理」。

■ 語法的製作

如前所述，Conjoint 手續也要輸入語法使其執行。

在 SPSS 的啟動狀態下，按照【檔案（F）】→【新建（N）】→【語法】選擇指令。

【SPSS 語法編輯器】（空白的語法輸入狀態）視窗即跳出來，接著輸入語法。

> 為了使指令與使用者指定的部分容易理解，本例的指令及子指令全部以大寫字母書寫，但小寫字母也是可以的。

> 變數名以漢字的全形字元也行，但指令一定使用半形字元。全形字元的指令或子指令是無法辨識的。

■ 資料的記述方法－要包含在語法中？或做成另外檔案？

在 Conjoint 手續中，資料的記述有將資料包含在語法中之方式，以及另外製作資料檔案的方式。

將資料包含在語法中記述的方法，由於不需要事先製作資料檔案，因之資料檔案或變數的指定失誤較不易發生，在確實性上此點較好，但另一方面，其缺點爲語法一覽表過長不易看，資料的編輯不易等。

另一種作法是將資料檔案額外製作，以語法指定它的檔案再進行處理。如爲已習慣統計處理的人，此方法較爲方便。

此方法的優點是語法一覽表極爲簡潔，記述語法時不易發生失誤，以及因將資料作成另外的檔案，可以分成資料與語法來整理。資料的管理或對問題的應付容易性等，在許多點上較爲方便，儘可能建議採用此方法較佳。

但另一方面，此法需要同時指定計畫檔案與資料檔案兩者，檔案的指定與變數名的失誤等容易發生。聯合分析從調查計畫到問卷的製作等，因製作許多的檔案，因之不小心將資料檔案弄錯的情形也有，另外在資料檔案中所指定的變數名與 Conjoint 手續的語法一覽表中所指定的變數名未正確一致時，即出現失誤而無法處理。在計畫檔案中的變數名與資料檔案中的變數名必須分別指定，因之容易有誤。

如上述資料檔案雖然儘可能另外製作，但本書仍說明兩種情形的語法記載方式，因之請選擇符合自己的作法。

當然，兩者的輸出結果是相同的。

■ 將資料記述到語法時

首先就所收集的資料記述到語法的情形來說明。語法一覽表如同圖 4-1 所示。

變數的指定

DATA LIST FREE / id card1 to card10

聯合分析對變數名的定義及指定是需要注意的。那是因爲對所回收的資料所給予的變數名，以及以 Orthoplan 所製作的計畫檔案中所使用的要因名，兩者會在語法中出現之緣故。如不小心混淆時，處理即無法執行。

　　最初列中的變數指定，是針對「所回收的資料」來進行。亦即在語法中對 BEGIN DATA 與 END DATA 所圍著的範圍內資料進行變數指定。

　　本例是對識別受訪者的 id 與對應各調查項目（本例是 10 個項目）的 card1 到 card10 定義變數。

　✎連續的變數名可以用 to 表現。

　　最後的句點一定要加上「.」。

　　此處變數使用 card，使用 r 或 a 或 b 均可任意使用。

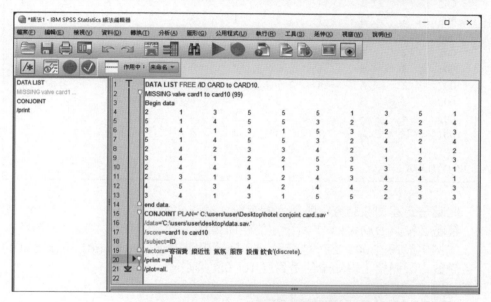

圖 4-1　Conjoint 的語法一覽表列

遺漏值的定義

MISSING VALUES　card1　to　card10 (99).

MISSING VALUES 是定義遺漏值。

本例就 card1 到 card10 的變數而言，99 之值是定義遺漏值。

在聯合分析中，即使某一處有遺漏值之情形，也會從分析對象中除去。

> ✎一般以遺漏值來說，取 9 或 99 當作輸入虛擬加以使用。因之 99 當作遺漏值來定義。此處也不要忘了句點「.」。

資料記述

```
BEGIN  DATA

001     2     1     3     5     5     5     1     3     5     1
002     5     1     4     5     5     3     2     4     2     4
003     3     4     1     3     1     5     3     2     3     3
004     5     1     4     5     5     3     2     4     2     4
005     2     4     2     3     3     4     2     1     1     2
006     3     4     1     2     2     5     3     1     2     3
007     2     4     4     4     1     3     5     3     4     1
008     2     3     1     3     2     4     3     4     4     1
009     4     5     3     4     2     4     4     2     3     3
0010    3     4     1     3     1     5     5     2     3     3

END  DATA .
```

此處是記述實際調查中所得到的資料（虛擬）。

請務必按照 DATA LIST 所指定的順序書寫。

本例中最初的 001 之行是表示 id，接著表示對應 card1,card2,…card10 的各變數之觀測值，得知全部是對應 10 名的調查。

分析的執行與計畫檔案的執行

CONJOINT PLAN='c:\users\user\desktop\hotel conjoint card .sav'

利用 Conjoint 指令來指示聯合分析之執行。

PLAN 子指令是指定以 Orthoplan 所作成之計畫檔案。

檔名與目錄名也可一併指定。

此檔案的指定，於確認是 Orthoplan 所作成之計畫檔案後再進行。如指定錯誤的檔案聯合分析即無法執行。

與要因之關聯
/FACTORS= 寄宿費 接近性 氣氛 服務 設備 飲食（Discrete）

　　FACTORS 子指令是爲了將 Orthoplan 所作成之計畫檔案中之各要因與各受訪者之評定加上關聯而指定之模式。

　　換言之，要注意此處所定義的是「Orthoplan 所作成之計畫檔案中所使用的要因名」。

　　如有失誤，請不要指定此處所回收之資料的變數名（card1～card10）。

　　以資料編輯器開啓 PLAN 子指令所指定的檔案（本例是 hotel conjoint card.sav），先確認所使用之要因名再選擇才可正確無誤。

　　SPSS 可從以下 4 個模式指定。

DISCRETE	要因名與受訪者的評定未設想關係
LINEAR	設想線性關係
IDEAL	理想點模式
ANTIIDEAL	逆理想點模式

　　各模式的詳細情況，請參照第 5 章第 3 節的解說。

　　在教育、心理、社會領域的需求調查中，大半的要因是選擇 DISCRETE 模式。對於一部分的要因可以設想水準有線性關係時，可以設定 LINEAR 模式，但 IDEAL 模式與 ANTIIDEAL 模式不太加以利用。

　　即使指定 LINEAR 模式，水準的間隔也必須是等間隔，如未滿足此基準時，只能利用 DISCRETE 模式。總之，要因與總效用之間無法假定某種函數關係時，即選擇 DISCRETE 模式。

　　當 FACTORS 指令被省略時，所省略的要因均被當作是 DISCRETE 模式加以處理。

　　另外，DISCRETE 模式與 LINEAR 模式，其針對水準的方向性可以指定 MORE 或 LESS。

資料的指定

/ DATA=*

DATA 子指令是指定進行聯合分析的資料。

像本例在語法內一併表示資料時，使用星號「*」。

或者在資料編輯器畫面上，當資料檔案已在開啓的狀態時，可使用該星號。如用記述的檔案時，變數名的指定因特別容易弄錯所以要注意。在語法中請正確指定資料編輯器上的變數名。

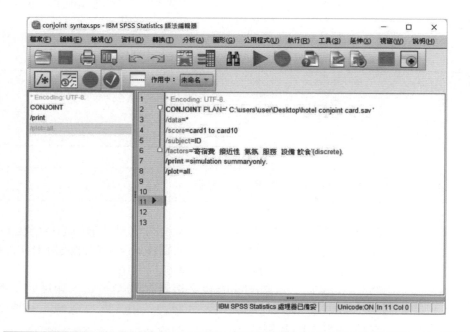

若將資料分成另外的檔案時，請根據後面的解說製作語法。

順位設定

/SCORE = card1 to card10

SEQUENCE/RANK/SCORE 子指令，爲了可以反映問卷中受訪者的評定方法而需要指定。

　　若是採用將所有項目加上順位（RANK）的評定方法，並按各項目記錄所評定的順位，譬如就第一位的回答者來說，此處假定即為以下資料。

001　3 10 5 1 4 6 9 2 8 7

最初的 001 是回答者的 ID。

　　其次的 card1 是 3，此表示在所提示的 10 個項目之中，就第一項目來說被評定為「第 3 位」。

　　同樣 card2 是表示「第 10 位」，card3 是「第 5 位」，card4 是「第 1 位」。

　　像這樣就所有的項目來說，採用評定是「順位」的方法時，則可指定 RANK 子指令。

　　一般在教育、心理、福利領域中所進行的調查，大多是以 5 級的李克特量表來評定，本例是指定 SCORE 子指令。

　　以單一卡片製作問卷時，可以採用將卡片按所喜歡的順序來排序的評定方式。此時指定 SEQUENCE。

　　畢竟是一般性的傾向，但對指示的項目加上順位（RANK），再讓其重排（SEQUENCE）的評定方式，與以 5 等級評分（SCORE）之評定方式相比較時，前者可以更明確地將受訪者的傾向以結果反映出來。以李克特量表評定時，受訪者的回答傾向出現集中在尺度的中心附近（譬如5級法時是3）。

　　另一方面，加上順位的評定方式，依項目（卡片）數對受訪者造成負擔的情形也有。譬如，將 30 張卡片按喜歡的順序排列是累人的工作，在此情形受訪者的評定容易變成「馬馬虎虎」，因之於決定評定方式時，需要考慮與項目數之關係。

　　若要因數在 4 個左右，且提示的項目或卡片的數目大概是 10 個左右以內時，採用可以指定 RANK 或 SENQUENCE 的任一種評定方式來製作問卷，除此之外的情形，以李克特量表評定後再進行 SCORE 的指定。

（註）
/SEQUENCE=PREF1 TO PREF10。
/RANK=RANK1 TO RANK10
/SCORE=SCORE1 TO SCORE10

注意

評定方法的決定要考慮要因數與提示項目之總數再進行。

```
識別變數的指定
/SUBJECT= id
```

　　這是為了識別每一位受訪者而指定變數的子指令。通常指定包含 id 號碼等的變數。
　　如未進行此指定時，分析對象的數據將全部視為一位受訪者，因之一定要指定。

```
輸出方式的選擇
/ PRINT = all
```

　　於輸出聯合分析的結果時，PRINT 子指令是就正規卡與保留卡以及模擬卡，指定其顯示的有無。可以指定的選項是如下 4 種。

ANALYSIS	只表示正規卡與保留卡的結果
SIMULATIONS	只表示模擬卡的結果
ALL	表示 ANALYSIS 與 SIMULATIONS 兩方的結果
NONE	未進行結果的輸出。只用在想輸出效用值檔案之情形（此時需要指定 UTILITY 子指令（後述））。

　　通常指定 ALL 即可。
　　但系統的預設值是 ALL，因之即使省略也是同樣的結果。

```
摘要圖的輸出
/ PLOT = all
```

　　PLOT 子指令可按各要因輸出受訪者的部分效用值與相對重要度、各要因的相對重要度的摘要，以及平均相對重要度的摘要圖。取代 ALL 指定 SUMMARY 時，各受訪者未被輸出，只輸出各要因的相對重要度的摘要與平均相對重要度的摘要圖。
　　各受訪者以及以 SUBFILE SUMMARY 所簡化之圖已經輸出，因之此子指令即使未指定也行。如需要更美觀的圖時即可指定。

SPSS 對所輸出的圖也是可以進行編輯。

┌─────────────────┐
│　效用值檔案的輸出　│
└─────────────────┘

/UTILITY='c:\users\user\desktop\utility.sav'

　　這是讓效用值檔案輸出到外部的子指令。

　　所輸出的內容是受訪者的識別值（本例是 id）、各水準的部分效用值、效用值常數項、有關調查項目（卡片）的效用值分數（受訪者的部分效用值按各調查項目的合計分數）以及有關模擬卡（項目）之效用值分數。

　　輸出是 SPSS 資料形式，檔案名的副檔名可先指定「.sav」。

　　特別是將部分效用值圖形化時，如輸出效用值檔案就會變得很方便。以資料編輯器開啓所輸出的檔案時，即如圖 4-2 所示。

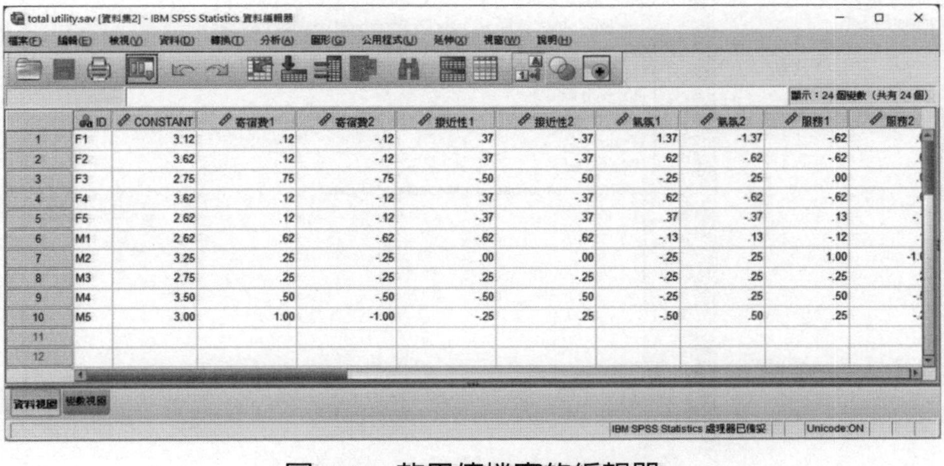

圖 4-2　效用值檔案的編輯器

┌─────────────┐
│　檔案的輸出　│
└─────────────┘

SAVE OUTFILE='c:\users\user\desktop\output .sav'

　　SAVE OUTFILE 子指令是將聯合分析所使用的資料使之輸出到外部檔案。本例中 BEGIN DATA 與 END DATA 所用的範圍是從受訪者收集的資料，因之此內容即被輸出。

指定要儲存外部檔案的檔名與檔案名，儲存場所與檔名均無限制。

若省略 SAVE OUTFILE 子指令時，外部檔案即不被輸出。

■ 將資料當作另外的檔案時之語法

在許多的統計處理中，將資料當作獨立的檔案來處理是一般的作法。

SPSS Conjoint 如前項所說的，也可在語法中表示資料，但當作另外的檔案來準備資料當然也是可以的。

習慣統計處理的人採用此處的方法較爲方便，請儘可能使用此方法爲宜。

具體的語法，譬如像圖 4-3。

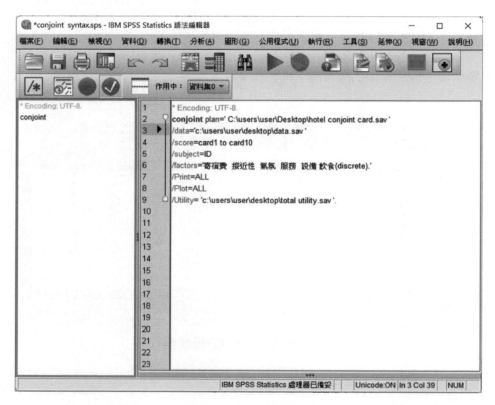

圖 4-3　Conjoint 語法一覽表例（之 2）

此圖如與圖 4-1 比較時，可知它是非常簡單的語法。利用此 2 種語法得出的輸出是完全相同的。

與將資料記述在語法內之不同處是，其未將資料表示在 Conjoint 的語法

中而作成另外的檔案，必然是「沒有資料定義（變數名的指定）的語法」。

　　圖 4-3 是一開始就以 Conjoint plan 之標題開始寫語法，但因為將資料當作另外的檔案，因之圖 4-1 語法中最初所指定與資料定義有關的一連串子指令即被刪除。

　　但把資料當作是另外的檔案時，取而代之需要「指定資料檔案」。

　　資料定義的子指令是 ／ DATA=。

　　此處記述為

　　/DATA = 'c:\users\user\desktop\hotel conjoint card .sav'

　　但這是表示指定 C 槽桌面的 hotel conjoint card.sav 的檔案。

　　之後的語法記述與圖 4-1 完全相同。

■ 資料檔案的製作方法

　　前節是針對將資料當作其他檔案製作時，有關 Conjoint 指令的語法加以說明。

　　將資料當作另外的檔案製作的方法，雖然與 SPSS 大部分處理資料檔案的製作完全相同，但本書前面並未對它涉及，因之慎重起見予以補全。

　　具體言之，即為以資料編輯器製作。

步驟 1　　首先按照【檔案（F）】→【新建（N）】→【資料（D）】
　　　　　　來選擇指令（圖 4-4）。

> ✎啟動 SPSS 時，其系統自動地跳出新資料的輸入畫面，因之不需要上述的步驟。

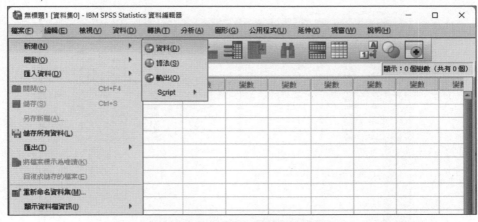

圖 4-4　　新資料檔案的製作

步驟 2　此處一面使用圖 4-1 的資料，一面說明輸入的方法。

下圖是將圖 4-1 中 BENGIN DATA 到 END DATA 之間所記述的資料予以輸入的中途圖形。

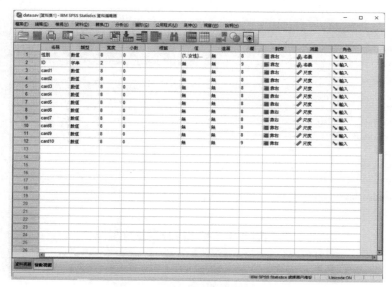

圖 4-5　資料輸入

步驟 3　輸入數據時，首先需定義變數。因此以滑鼠點選畫面下的變數檢視。然後在名稱的方格內輸入變數的名稱。

圖 4-6　變數檢視格式

步驟 4　接著點選資料檢視，並依序將數據輸入，輸入完成的畫面如下所示。

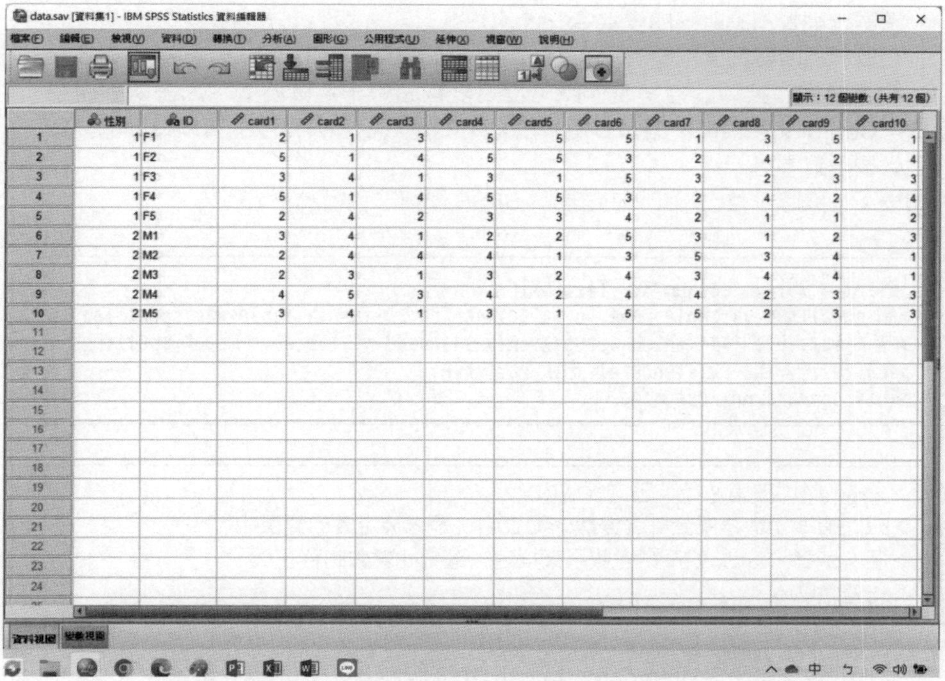

	性別	ID	card1	card2	card3	card4	card5	card6	card7	card8	card9	card10
1	1	F1	2	1	3	5	5	5	1	3	5	1
2	1	F2	5	1	4	5	5	3	2	4	2	4
3	1	F3	3	4	1	3	1	5	3	2	3	3
4	1	F4	5	1	4	5	5	3	2	4	2	4
5	1	F5	2	4	2	3	3	4	2	1	1	2
6	2	M1	3	4	1	2	2	5	3	1	2	3
7	2	M2	2	4	4	4	1	3	5	3	4	1
8	2	M3	2	3	1	3	2	4	3	4	4	1
9	2	M4	4	5	3	4	2	4	4	2	3	3
10	2	M5	3	4	1	3	1	5	5	2	3	3

圖 4-7　資料檢視格式

SPSS 在第 9 版以前要使用 Template 將數據的顯示進行調整，但從第 10 版以後則可利用以上的變數檢視與資料檢視來輸入數據，甚爲方便。

Tea Break

• 讓語法與資料編輯器的變數名一致。

　在資料編輯器的上部有表示「Var001」「Var002」…的部分，此即為變數名。

　　將資料當作另外的檔案製作時，指定變數名是一定需要的。因為如前所說的，Conjoint 手續中以語法一覽表所指定的變數名，與實際的資料檔案的變數名必須一致才行。

如果不一致時，會出現如下的錯誤，SPSS 即無法執行聯合分析。

```
>Error # 701 in column 8.  Text: R1
>An undefined variable name, or a scratch or system variable was specified
>in a variable list which accepts only standard variables.  Check spelling
>and verify the existence of this variable.
>This command not executed.
```

```
> Error#701 在第 8 行。正文 :CARD1
>只有標準變數在所允許的變數一覽表中，是未被定義的變數
>名。或者 scratch 或系統變數已被指定。確認此變數的存在與
>檢查拼法。
```

圖 4-3 的語法中，Score=card1 to card10 的記述部分是定義變數名。

此即從 card1 to card10 的 10 變數，是為了用於聯合分析而加以定義。

此與資料編輯器的變數名要使之一致。

4.3　Conjoint 語法的輸出

 Tea Break

- 執行語法即分析完成。
- 從相對重要度尋找需求。
- 在語法錯誤中要注意資料〈檔案〉的指定錯誤。

以下就執行第 2 節所製作的語法之後，就其輸出予以說明。

■ 語法的執行

為了執行所製作的 Conjoint 分析的語法，選擇語法編輯器的【執行（R）】→【全部（A）】

於是自動跳出瀏覽器視窗，如圖 4-10 顯示結果。

■ 輸出結果

整體統計量

公用程式

		效用值	標準錯誤
寄宿費	重視	.387	.063
	不重視	-.387	.063
接近性	重視	-.087	.063
	不重視	.087	.063
氣氛	重視	.137	.063
	不重視	-.137	.063
服務	重視	-.037	.063
	不重視	.037	.063
設備	重視	.287	.063
	不重視	-.287	.063
飲食	重視	-.137	.063
	不重視	.137	.063
（常數）		3.087	.063

圖 4-10　聯合分析的輸出

　　在聯合分析的輸出中，也會輸出所有受訪者的個別輪廓。因爲分量多，因之最初的輸出畫面應該只會顯示至中間爲止。

　　爲了得到全體人員的顯示，以滑鼠按兩下第一位的輪廓部分。

　　於是如圖示 4-11 所示的視窗即顯示在畫面中。

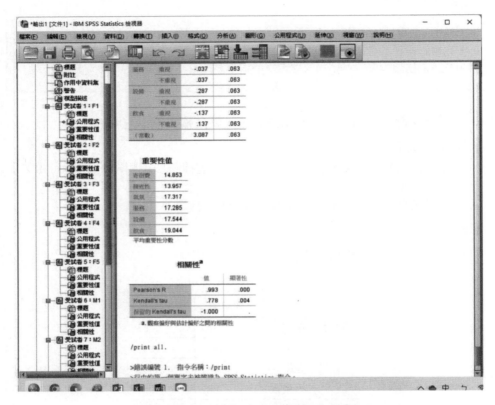

圖 4-11　於輪廓上按兩下即出現捲軸

　　使用捲軸即可看到所有的輪廓。

　　此處受訪者個別的輪廓輸出是包含全員的內容。

　　各輪廓所表示的內容包括 id 號碼、相對重要度的圖示、部分效用值（標準誤）、依據 FACTORS 子指令所指示的模式其所評定的各水準的方向性，以及各要因與水準。

　　圖 4-12 是滑動捲軸至中間的部分，顯示 id 號碼 1 的受訪者輪廓。

■ 輸出結果

受訪者 1：F1

公用程式

		效用值	標準錯誤
寄宿費	重視	.125	.125
	不重視	-.125	.125
接近性	重視	.375	.125
	不重視	-.375	.125
氣氛	重視	1.375	.125
	不重視	-1.375	.125
服務	重視	-.625	.125
	不重視	.625	.125
設備	重視	.375	.125
	不重視	-.375	.125
飲食	重視	.125	.125
	不重視	-.125	.125
（常數）		3.125	.125

重要性值

寄宿費	4.167
接近性	12.500
氣氛	45.833
服務	20.833
設備	12.500
飲食	4.167

圖 4-12　個別輪廓別（註）

（註）：此圖為 SPSS 25V 所列印的圖形，與圖 1-2 的圖形不同，各版本的
　　　　表現方式不同，但內容是相同的。

首先從此圖的看法來說明。

Importance 欄

於最左邊所輸出的是「相對重要度（Importance）」之欄。

本例是 6 個要因之中相對哪一個要因受到重視，此值即為指標。

圖 4-12 顯示第 1 位受訪者的輪廓，由圖可知此受訪者非常重視「氣氛與服務」。

像這樣個別輪廓的相對重要度之欄，可以明顯地理解該受訪者是重視哪一個要因。此值全部加總是 100%。

以本例來說，

$$4.167 + 12.50 + 45.833 + 20.833 + 12.50 + 4.167 = 100（\%）$$

各相對重要度的計算式如下：

$$相對重要度 = \frac{各要因的部分效用值之全距}{各要因的部分效用值之全距的總合} \times 100\%$$

其中，

各要因的部分效用值之全距

＝部分效用值的最大值 − 部分效用值之最小值

譬如，「氣氛」全距是：

$$1.375 − (−1.375) = 2.750$$

同樣，各要因之全距可以分別求出。

「寄宿費」全距是：

$$0.125 − (−0.125) = 0.250$$

「接近性」全距是：

$$0.375 − (−0.375) = 0.750$$

「設備」全距是：

$$0.375 − (−0.375) = 0.750$$

「服務」全距是：

$$0.625 − (0.625) = 1.250$$

「飲食」全距是：

$$0.125 - (-0.125) = 0.250$$

因之，「氣氛」的相對重要度是：

$$相對重要度 = \frac{2.75}{2.75 + 0.25 + 0.75 + 0.75 + 1.25 + 0.25} \times 100\%$$

$$= \frac{2.75}{6} \times 100\% \cong 0.45833 = 45.833\%$$

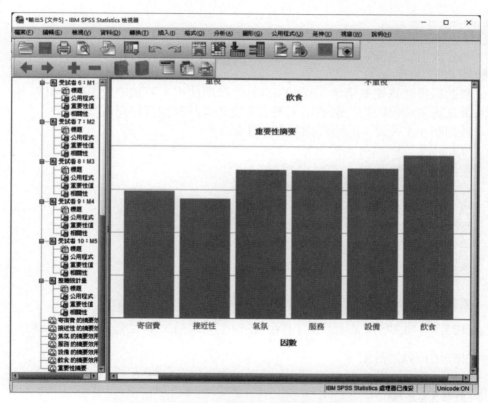

圖 4-13　第 1 位受訪者的要因重要度

Utility 欄

其次的欄是部分效用值（Utility）。

本例中的正值是表示受到受訪者「高度評價」之水準，而負值是表示「低度評價」的水準。以「氣氛」來說，「重視」是 1.375，「不重視」是−1.375，可知「重視」是受到「較高的評價」。效用值的右方是標準錯誤。

Factor 欄

接著依從 Factors 子指令所指定的模式，可圖示評價的方向性。這可以想成是部分效用值的輸出被反映到圖上。本例就所有的要因而言，在 DISCRETE 模式中未指定方向性，部分效用值的總和各要因即為 0。如果指定 MORE 或 LESS 時，即只以其中一個方向之值加以表示。

CONSTANT 欄

部分效用值之欄的最下方有3.125（.1250）CONSTANT 的項目，此為「常數項」。

常數項是計算總效用值（Total utility）時所使用。所謂總效用值是針對各水準之總和所形成的一個項目，表示各受訪者評價到何種程度之值。

譬如圖 3-3 或圖 3-4 所顯示的第一個項目：

渡假飯店的寄宿費	重視
渡假飯店離車站近	不重視
渡假飯店客房內的氣氛	不重視
渡假飯店的服務	不重視
渡假飯店的設備	不重視
渡假飯店的飲食	重視

就此項目來說，第 1 位受訪者的效用值是：

$$(0.125) + (−0.375) + (−1.375) + (−0.625) + (−0.375) + (0.125) + 3.125 = 0.625$$

可加知形成低度評價。

Pearson's R 欄

Pearson's R 是表示受訪者的評定值與利用聯合分析模式之預測值的相關係數。此值愈高，即為受訪者的評定結果與利用聯合分析模式之預估非常一致。譬如圖 4-11 中 Pearson's R=0.993，接近 1，故可知是甚高的相關係數。

試以實際的總效用值來看吧！第 1 位受訪者對於詢問 1 的總效用值是 0.625。根據 SUBFILE SUMMARY（圖 4-10）利用聯合模式就同一項目計

算總效用時：

$$(0.387) + (0.087) + (-0.137) + (0.037) + (-0.287) + (-0.137) + 3.087 = 3.032$$

呈現出略高的預估。對此第 1 位受訪者（F1）來說，6 個項目的相對重要度與整體摘要中的相對重要度不甚相似，因之與預測值之間出現較大的差異。

譬如，就模擬卡的第 1、2、3、4 卡片來說，此第 1 位受訪者的預估與利用聯合分析的預測值，如觀察模擬的偏好分數時，分別是「0.625」與「2.962」，「2.375」與「2.837」，「4.875」與「3.637」，「5.425」與「4.162」，幾乎與預測值不甚一致。像這樣，與聯合模式的一致程度是以 Pearson 的相關係數來表示。

模擬的偏好分數（F1）

卡片編號	ID	評分
1	1	.625
2	2	2.375
3	3	4.875
4	4	5.125

模擬的偏好分數（整體）

卡片編號	ID	評分
1	1	2.962
2	2	2.837
3	3	3.637
4	4	4.162

Significance 欄

出現在相關係數右方的 Significance，是表示無相關檢定的顯著水準。

Kendall's tau 欄

Kendall's tau 是表示 Kendall 的順位相關。關於 Kendall 的順位相關，也針對保留卡加以表示。

受訪者對於保留卡的評定值，與根據部分效用值所計算的保留卡的總效用

一致的程度，是表示部分效用值其估計結果的可靠性。因此，此值必須非常高才行。

若這些相關係數之值為較低時，是表示聯合分析的模式與受訪者的回答傾向並未一致。

萬一在需求調查中，此值變得非常低時，要反省問卷的詢問方法是否有問題？或是否未充分斟酌受訪者的樣本選擇等。

如前所述，基本上聯合分析是不行事後重做調查，因之在調查計畫階段需斟酌再三是很重要的。

Simulation results 欄

最下欄的 Simulation results 是針對 Orthoplan 所製作的計畫檔案中其指定的模擬卡，表示各受訪者的總效用之值。本例是指定 4 張模擬卡。

此處所表示的 score，並非是 Conjoint 指令中出現之指定模式的 SCORE，而是針對模擬卡表示總效用之值。依此可知第 4 位受訪者對第 1 張卡片的評價是最高，第 3 張卡片的評價最低。

像這樣聯合分析透過顯示計畫檔案中事先所關心的某些水準組合，對它的評定是如何，即可使之輸出。

此種輪廓對所有受訪者可個別輸出。這是在 PRINT 子指令中指定 all。與圖 4-10 的第 1 位受訪者的輪廓相比較，可非常清楚得知每個人所重視的要因是不同的。或者將受訪者之中具有相似輪廓的人予以分組，加深其特徵的考察也是可行的。

警告訊息

將各受訪者的輪廓輸出捲軸拉至最下方時，中途出現警告訊息。

```
>Warning # 14453
>All RANK or SCORE values are equal.  This case is ignored.
```

```
> warning # 14453
>所有的 RANK 或 score 變成相等。
>可以忽略此觀察值。
```

譬如，像是利用李克特量表來評價的問卷（子指令即為 SCORE），其顯示對任一回答項目均有完全相同評定的情形（所有 10 個項目均被評價為 3

「均可」）。

聯合分析是使各要因間的相對比重（重要度）使之明確的處理，因之若所有項目均有相同比重的評價時，哪一個要因被認為重要呢？就變得無法處理。

同樣，設定順位的評定方式，就所有的項目卡片設定相同順位時（全部被視為第 1 位時）也顯示相同訊息。

這些均要從分析對象中除去。

另外，也有顯示如下的警告訊息。

```
>Warning # 14449
>At least one duplicate RANK value was encountered.
```

```
> warning # 14449
>至少遇到一個重覆 RANK 之值
```

或者是：

```
>Warning # 14440
>All cases belonging to this subject are invalid.  Computations were not
>done for this subject.
```

```
> warning # 14440
>屬於此主體的所有情況是不正確的。
>對此主體的計算不進行。
```

這表示回答中包含有遺漏值的訊息。此情況的資料要從分析對象去除。

換言之，聯合分析即使有一處是遺漏值的情況，即為無效問卷。

此事也表示問卷如果難以回答時，能成為分析對象的資料就有大幅減少的可能性。

■ 輸出結果：SUBFILE SUMMARY（整體摘要）

滑動輸出畫面捲軸時，最後出現附有 SUBFILE SUMMARY（整體摘要）之標題（圖 4-14）。

整體統計量

公用程式

		效用值	標準錯誤
寄宿費	重視	.387	.063
	不重視	-.387	.063
接近性	重視	-.087	.063
	不重視	.087	.063
氣氛	重視	.137	.063
	不重視	-.137	.063
服務	重視	-.037	.063
	不重視	.037	.063
設備	重視	.287	.063
	不重視	-.287	.063
飲食	重視	-.137	.063
	不重視	.137	.063
（常數）		3.087	.063

Utility 中文一般稱為效用值，但 SPSS 則稱為公用程式。

重要性值

寄宿費	14.853
接近性	13.957
氣氛	17.317
服務	17.285
設備	17.544
飲食	19.044

平均重要性分數

圖 4-14　SUBFILE SUMMARY 的輸出

這是作為分析對象的所有觀察值的摘要。

首先從此處來觀察以掌握全體的傾向。

在 SUBFILE SUMMARY 輸出中的基本格式，雖然與各受訪者的輪廓是相同的，但對相同重要度之欄來說，則表現成「平均相對重要度（Averaged importance）」。這是表示調查對象者整組的傾向。

圖 4-13 的看法，除掉相對重要度之欄是全體的平均值外，基本上與各受訪者的輪廓是相同的。

依據圖 4-13，平均相對重要度最高的是有關「飲食」之要因。

其他受重視的各要因依序爲「設備」、「氣氛」、「服務」。

如觀察部分效用值之欄及 FACTORS 欄時，對「寄宿費」要因來說，其「重視」被高度評價，「不重視」被低度評價，可以判讀出有此傾向。

此結果以論文來說明時，即爲如下。

由圖 4-14 可以判讀出以下結果。

從部分效用值來看，任一要因的內容能充分包含被認爲是需要的，此傾向是可以被認同的。

觀察平均相對重要度時，「飲食」因爲是最希望的要因，因之「飲食」內容的提升是最受重視的。

接著可知其他要因依照「設備」、「氣氛」、「服務」的順序來設定優先度。

由圖 4-11 知，從 Pearson 相關係數以及 Kendall 順位相關係數來看，顯示所有受訪者與聯合模式呈現相當一致的傾向。

像這樣，將使用圖 3-4 的問卷進行調查所得到的資料加以處理，即可得到結論。另外在進行結果的解釋時，最好心中要記住以下幾點。

亦即在 SUBFILE SUMMARY 中，雖然輸出平均相對重要度，但建議從與此不同的部分效用值計算相對重要度。

譬如平均相對重要度之值儘管很高，而部分效用值的全距較小時（亦即從部分效用值所計算之相對重要度之值比平均相對重要度小時），受訪者有可能形成分散，詳細檢測個別之輪廓後，將受訪者分組等之分析有時是需要的。

相反的，從部分效用值所計算的相對重要度，比 SUBFILE SUMMARY 中的平均相對重要度大時，即表示受訪者的傾向有可能幾乎是一致的。

但如此之解釋是與數個要因有關，如只單純地比較平均相對重要之值與由部分效用值所計算的相對重要度，是無法得出結論的。

當平均相對重要度與相對重要度之值的差距較大時，需要特別地進行個別輪廓的詳細分析，如有此認知會於解釋時成爲有益的資訊。

■ 輸出結果

聯合分析在有關效用值的輪廓輸出之後，也會輸出模擬卡的摘要（Simulation Summary）。

> ✎ 以 PRINT 子指令指定 SIMULATION 時，只會輸出模擬卡的摘要。

此圖 4-15 顯示。

本例模擬卡是 4 張（圖 2-6 的 BEGIN DATA～END DATA 所包圍的範圍），具體內容如下。

寄宿費	接近性	氣氛	服務	設備	飲食
1.00	2.00	2.00	1.00	2.00	1.00
2.00	2.00	2.00	2.00	1.00	1.00
1.00	1.00	1.00	1.00	1.00	1.00
1.00	2.00	1.00	2.00	1.00	2.00

模擬的偏好分數（F1）

卡片編號	ID	評分
1	1	2.962
2	2	2.837
3	3	3.637
4	4	4.162

模擬的偏好機率 [b]

卡片編號	ID	最大公用程式 [a]	Bradiey-Terry-Luce	對數勝算
1	1	15.0%	21.3%	17.0%
2	2	0.0%	20.8%	11.1%
3	3	25.0%	26.6%	27.1%
4	4	60.0%	31.2%	44.8%

a. 包括連結的模擬

b. Bradley-Terry-Luce 及對數勝算方法中使用了 10 個受訪者（共 10 個），因為這些受訪者具有所有非負分數。

圖 4-15　模擬摘要的輸出

 Tea Break

- MAX Utility 模式是表示該模擬卡選擇的單純機率。

  BTL(Bradley-Terry-Luce) 模式是指該模擬卡的總效用值除以所有模擬卡的總效用值的合計。

  Logit 模式類似 BTL 模式，取代總效用值改以值的自然對數來計算。

對於此 4 張模擬卡，依據 MAX Utility、BTL、Logit 的各模式顯示「偏好」的機率〈亦即提示此 4 張卡片如只選擇 1 張時，該卡片被選出的機率〉。因之，各模式中的百分比之總和會變成 100。

具體來看，譬如在 Logit(對數勝算) 模式中此 4 種模擬卡被提示時，就第 1 張卡片來說，表示 100 人中僅有 17 人選擇該卡片，另一方面，如果第 4 張卡片時，被預測出 100 人中有接近 45 人選擇它。

本例中不管在哪一個模式，第 4 張卡片被選擇的機率最高，相反的第 2 張卡片可以預估幾乎不被選擇。

■ 輸出結果：個別受訪者的効用

目前為止的內容是在 SPSS 的輸出中加上「SPSS 文字輸出」的標題。指定 PLOT 子指令時，此時各要因及全體的効用值與重要度能以圖形輸出。

首先被繪製的是各要因的各受訪者的部分効用值之圖形。下圖是以 SPSS 所繪製的効用圖。

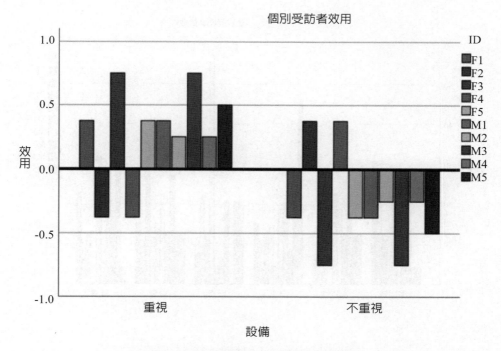

圖 4-16　利用 PLOT 子指令輸出

圖 4-16 是將所有受訪者的部分効用值以直條圖表示。這在 SPSS 輸出的

初期設定裡，於標題中加上「個別受訪者效用」標題之表現。

因受訪者人數多稍微不易看，以要因的「設備」來說，大多數的受訪者在比較「重視」「不重視」的水準時，可知「重視」是形成較多期望的回答（效用值是正值的部分是被期望的）。

本例雖然是以 FACTORS 子指令在未設想方向性下指定 DISCRETE 模式，如果一開始假如「重視」被假想是較爲被期望時，即使是指定了 DISCRETE (MORE) 也沒關係。如此一來，回答的表現與全體的傾向不同的受訪者，會被當作 Reversal 指出，因之想尋找原因時非常方便。

■ 輸出結果：個別受訪者的重要度

接著輸出各要因對各受訪者的部分效用值之圖形，其爲按各要因繪製各受訪者的相對重要度之圖形。如下爲加上「個別受訪者之重要度」之標題。

以滑鼠按兩下圖形時，【圖表編輯器】視窗即被開啓，即可編輯圖形（圖 4-17）。圖表編輯器中可以變更圖形的種類、標題、註腳或加上範例。

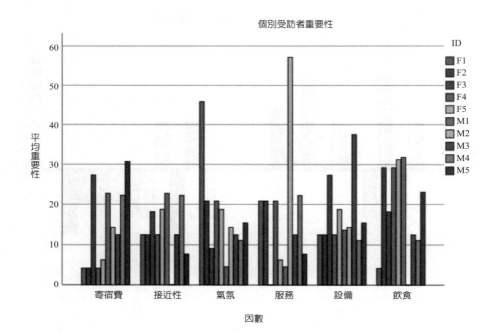

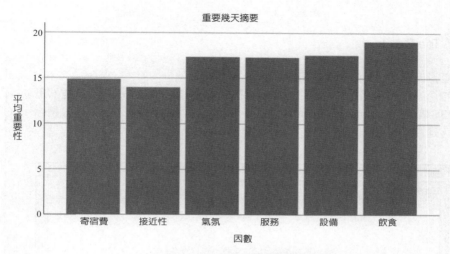

圖 4-17　圖形的編輯畫面

■ 以 FACTORS 子指令指定 MORE 或 LESS 時的輸出例

　　在先前的例子中，是就 FACTORS 子指令指定未設想方向的 DISCRETE 模式，而並未出現逆轉的情形。下例將介紹出現逆轉的情形。

　　以上例的結果來說，在所有的要因中，比較「援助」、「知識」、「偏見」、「對等」改善之「多」與「少」時，可知「多」給予較高的評價。

　　MORE 是水準的值愈大，可以設想對它的偏好愈強時所指定。如果在 DISCRETE 模式中，指定 MORE 或 LESS 時會變成如何呢？

　　以結論來說，如有指定會於輸出時出現與聯合模式所期待之方向有相反回答的受訪者，如圖 4-19 所示即以 Reversal 就會被列舉出來。

　　上例中有 5 名是被當作 Reversal 加以表示。

　　另外，上例雖是 DISCRETE 模式，但是在 LINEAR 模式中 MORE 或 LESS 被指定時，其輸出中會出現有一小部分是不一樣的。

Tea Break

• 圖形儲存在另外的檔案中。

也可儲存只顯示在圖表編輯器上的圖形。儲存的形式,標準的作法雖然是以 SPSS 圖表 Template 形式(.sct),但利用匯出也可當作泛用的圖形檔案儲存。儲存是當作【檔案〈F〉】→【匯出圖表〈H〉】。

匯出圖表	? ×
儲存於(I):	WUTemp
檔案名稱(N):	儲存(S)
存檔類型(T):	JPEG File (*.JPG)	取消
	CGM Metafile (*.CGM)	選項(O)...
	JPEG File (*.JPG)	
	Macintosh PICT (*.PCT)	

圖 4-18　圖表的匯出

利用匯出可以儲存畫像檔案的形式,包含如下 7 種,主要的檔案形式皆有支援。另外,上圖選項各形式也可以設定顏色的色度等。

JPEG FILE(*.jpg)

Windows Metafile(*.wmf)

Windows Bitmap(*.bmp)

CGM Metafile(*.cgm)

Postscript(*.eps)

Tagged Image File(*.tif)

Macintosh PICT(*.pct)

```
SUBFILE SUMMARY
Reversal Summary:
     5 subjects had  1 reversals
Reversals by factor:
   援助        3
   知識        1
   偏見        1
   對等        0
Reversal index:
   Page    Reversals      Subject
   45         0            1.00
   46         1            2.00
   47         0            3.00
   48         0            4.00
   49         0            5.00
   50         0            6.00
   51         0            7.00
   52         1            8.00
   53         1            9.00
   54         0           10.00
   55         0           11.00
   56         0           12.00
   57         0           13.00
   58         0           14.00
   59         0           15.00
   60         1           16.00
   61         0           17.00
   62         0           18.00
   63         0           19.00
   64         1           20.00
```

圖 4-19　Reversal index

下圖是顯示常數項為負的另一例子。

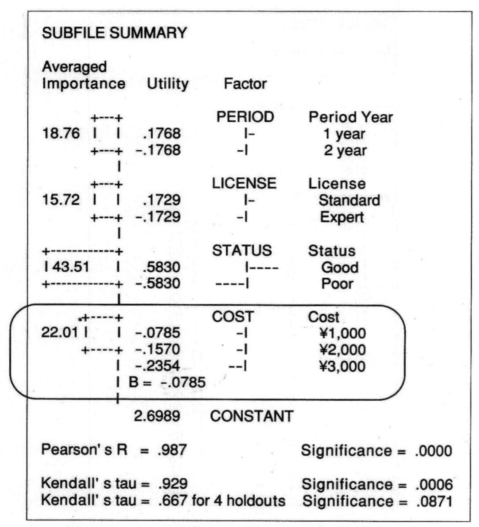

圖 4-20　LINEAR 模式中指定 LESS 時的輸出（註）

　　具體來說此會出現在 Subfile summary 中，其所包圍的部分具有以前未有
的 B ＝ −0.0785 之數值。

　　指定 LINEAR 模式時，將各部分效用值繪製在座標上連結各點即可描繪
出通過座標原點的直線，部分效用值也可加以計算。

　　有關語法使用 Linear 與 Discrete 的範例如下：

（註）：此圖是 SPSS 12V 所列印的圖，雖與 25V 版本的圖形不同，但內容
　　　　是相同的，取決於所使用的版本而已。

CONJOINT PLAN = ★ /DATA = 'RUGEANKS.SAV'
 /RANK = RANK1 TO RANK22 /SUBJECT = ID
/FACTORS = PACKAGE BRAND (DISCRETE) PRICE (LINEAR LESS)
　　　　　SEAL (LINEAR MORE) MONEY (LINEAR MORE).

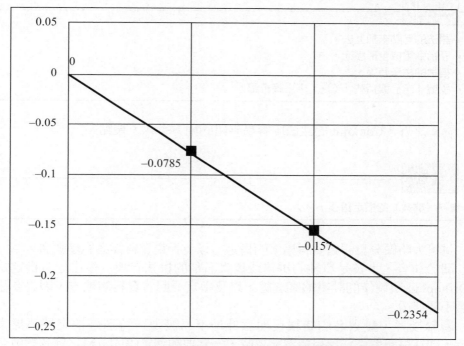

圖 4-21　LINEAR（LESS）模式的部分效用值圖形

B 值是表示此繪製圖形之斜率。

換言之，在圖 4-20 及圖 4-21 的例子中，可畫出如下關係的直線，即：

$$Y = -0.0785X$$

各部分效用值是可以如繪圖一般加以計算。如果是與此完全相同的資料，但不是提出 LINEAR 模式而是指定 DISCRETE 模式時，雖然這些部分效用值的絕對值呈現不同，但是事實上仍維持相對性的關係。

這是受到常數項之值而有所調整。亦即在 LINEAR 模式方面，繪製部分效用值之圖形是通過座標原點來計算。但 DISCRETE 模式是部分效用值之平均成為 0 之下來計算。在圖 4-13 中按各要因將部分效用值相加時，任一

要因它的值之可成爲 0。

■ 無法順利執行語法時

首先與前面一樣，要確認以下 4 點。

注意

- 語法的句點未加上去。
- 子指令用成全形字元。
- 指令的拼法有誤。
- 引號「，」或括號「（ ）」未正確表記。

除此之外，Conjoint 的語法中容易弄錯的地方有以下幾點。

注意

資料（檔案）的指定錯誤。

這可大略區分爲弄錯資料檔案的指定，以及弄錯資料檔案的變數名。

關於前者，大多是單純的拼錯或檔案名稱的拼法有誤，但由於有指定是 Orthoplan 所製作的計畫檔案之處，以及指定要回收資料的地方，因之要注意不要混淆。

關於後者，變數名的錯誤反而意外地不易發現。特別是指定外部檔案時，或在編輯器當作啓用檔案開啓時，一定要觀察實際的資料，確認變數名之後再寫語法，即可減少失誤。

 Tea Break

- 要如何處理許多檔案的名稱。

　　聯合分析中，以 **ORTHOPLAN** 的調查計畫檔案為首的輸出檔案等，可以製作出許多的檔案。

　　特別是計畫檔案，在 **PLANCARDS** 或 **CONJOINT** 中一定要指定，因為弄錯檔名就很麻煩。

　　各位對於此種檔案要加上何種名稱才好呢？

　　如像 ortho001.sps 那樣會漫不經心地加上檔名，之後當檔案慢慢地增加時，檔案的內容就會不得而知而感到困擾。

　　如同時有數個調查時，那就更會造成大混亂。為了不要有此情形，心中必須自戒。

- 檔名要明顯地表示內容。
- 檔名的一覽表要另外製作。

　　製作檔案一覽表時，【ALT】+【Print screen】鍵→在 Word 或小畫家的新檔案上【貼上】，也有啓用視窗的選取的方法，但當有大量檔案時，想包含目錄（卷夾）的階層資訊時，像是利用 mklist

　　（https://rdrr.io/cran/jsmodule/man/mklist.html 即可下載）等，檔案資訊可以用正文輸出的軟體（免費）也是很方便的。

- 每次調查即改變儲存檔案的目錄。
- 輸出檔案時於空白處先記入檔案名。

第 5 章
子指令解說

本章內容

　　本章就 SPSS Conjoint analysis 的 3 個指令：Orthoplan、Plancards 以及 Conjoint 有關的各子指令進行解說。

　　表記的方法是依照以下的原則：

> 子指令的記述是使用半形字元 (1 位元)。(大字母或小字母均沒關係)。
> 又在「基本要素」的說明中，為了區分子指令與使用者任意指定的內容，
> 當作如下的形式。
> 　大字母是子指令。
> 　小字母是使用者指定 (變數名等)。
> 　[ ] 是任意指定 (可省略)。
> 　{ } 表示從括號內選取。

【註】半形、全形主要是針對標點符號來說，全形標點占兩個字節，半形占一個
　　　字節，然而不管是半形還是全形，中文都是要占兩個字節，英文字則是占
　　　一個字節。

5.1 Orthoplan——製作調查的計畫檔案

■ 基本要素

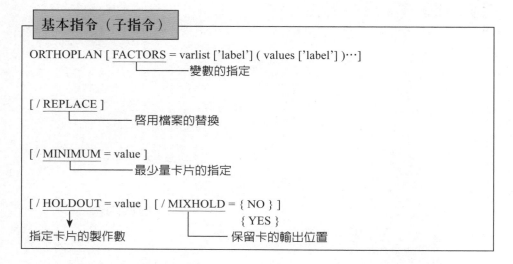

┌─ 基本指令（子指令）─────────────────────────┐

ORTHOPLAN [FACTORS = varlist ['label'] (values ['label'])…]
                  └──────── 變數的指定

[/ REPLACE]
        └──── 啓用檔案的替換

[/ MINIMUM = value]
        └──── 最少量卡片的指定

[/ HOLDOUT = value] [/ MIXHOLD = { NO }]
         ↓   { YES }
   指定卡片的製作數   └──── 保留卡的輸出位置

└──────────────────────────────────────┘

　　Orthoplan 是爲了使用直交製作聯合分析所需計畫檔案的一種指令。它是按各要因定義水準及製作驗證用的保留卡而指定，根據 Orthoplan 所製作的計畫來進行實際問卷的製作。

　　另外，進行 Conjoint 語法的手續時，可利用此處所製作的計畫檔案。

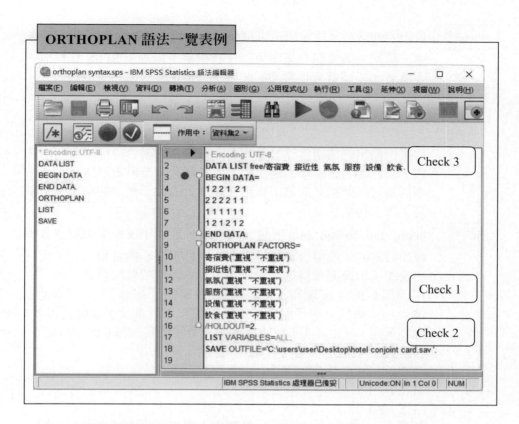

ORTHOPLAN 語法一覽表例

上述的例子是利用 6 個要因進行聯合分析的 Orthoplan 語法例。

> ✍開頭基本要素的表記，方便上大寫字母是子指令，小寫字母則當作使用者指定的
> 字母，然實際的語法記述，不管子指令是大寫字母或小寫字母均沒關係。本例是以
> 大寫字母表記。

　　水準共有 2×2×2×2×2×2 = 64 種，就所有的組合要求回答者評價也沒
問題，但利用 Orthoplan 手續就只要 10 種組合即可。為了減輕回答者的負
擔，使用 Orthoplan 非常有效。

Check 1　上面的例子為了驗證效用的可靠性，讓其製作 2 張保留卡（項
目）。此 2 張保留卡（項目）省略 MIXHOLD 子指令，因此輸
出時會出現在正規卡的後方。

Check 2　最後的列是指定將輸出結果儲存在 hotel conjoint card.sav 的檔案中。檔案名稱或儲存場所可以任意指定，但加上 SPSS 資料檔的副檔名 .sav 時就會很方便。此處可以指定包含檔名或目錄名。

（例）save outfile = 'c: \users\user\desktop\hotel conjoint card.sav'.

此處所輸出的檔案當作計畫檔案，在後面的聯合分析中可叫出使用，因此檔名或檔案的儲存場所要好好考慮後再指定為宜。
本例是將外部檔案的輸出指定在最後，因此子指令的結束，不要忘了加上句點「.」。

Check 3　begin data 與 end data 所包圍的資料，是為了模擬而由調查者本身所設定的。模擬資料是針對調查中特別關心的某種組合，可列出數組。但模擬資料是不當作回答者的評價項目加以表示。
在「理想的住宿環境」例子中，列舉出「寄宿費」、「接近性」、「氣氛」、「服務」、「設備」、「飲食」6 個要因，1 表「重視」，2 表「不重視」，調查者特別具有關心的組合是
「1 2 2 1 2 1
2 2 2 2 1 1
1 1 1 1 1 1
1 2 1 2 1 2」
就「1 2 2 1 2 1」來說，以具體的水準組合內容來表現時，即是「重視寄宿費、不重視接近性、不重視氣氛、不重視服務、不重視設備、重視飲食」之組合。
此處所指定的 4 個模擬內容，雖然並未被回答者直接評價，但在聯合分析中，各回答者及全體累計是如何評價這些模擬卡會以結果輸出，因此事先指定調查者所關心的組合時，就會很方便。

本例的語法在實際畫面中是如下加以表示。

圖 5-1 Orthoplan 的語法輸入例

寫完所有的語法時，不要忘了最後的句點「.」。

■ 各子指令的解說（Orthoplan 專用）

FACTORS

指定在 ORTHOPLAN 中使用的變數。
（例）
ORTHOPLAN FACTORS =
寄宿費 (" 重視 " " 不重視 ")
接近性 (" 重視 " " 不重視 ")
氣氛　 (" 重視 " " 不重視 ")
服務　 (" 重視 " " 不重視 ")
設備　 (" 重視 " " 不重視 ")
飲食　 (" 重視 " " 不重視 ")

<格式>
要因名‘要因註解 ("水準 1" "水準 2" "水準 3")

注意

為使最終完成的調查項目能在 20～30 左右，調整要因與水準數是最好的。

變數名不論用英數字或全形（含漢字）也沒關係。

（省略個別的變數名指定時，可以使用啓用檔案的所有變數）。

要因數在 4～6 個左右是適當的。

最少需要 2 個要因。

要因數如果變多時，回答者必須同時評價許多要因，因此會變得非常難以回答。

同樣，各要因的水準數在 2～5 個最適當的。

若要因數是 3～4 個左右時，而其他的要因水準數也並不多時，即使 5 個以上的水準數也沒關係。

但，各要因的水準數最少需要 2 個。

想法的要點是，要因及水準數如果變多時，組合會變大，因此以 Orthoplan 所製作的卡片（項目）也會增多。請記住卡片（項目）的總數在 20～30 左右是最好的。

如果是上述的範圍時，以 Orthoplan 所製作的卡片（項目）張數，因為不會超過 30，所以如果是在一般所計畫的範圍內時，並不需要特別擔心。

REPLACE

替換啓用檔案。
（例）
／ REPLACE

在需要替換啓用檔案時所指定（FACTORS 子指令是必須的）。當資料編輯器已讀取某種資料的狀態下，如果執行 Orthoplan 時會以追加的形式輸出，因此為避免此事而指定。

通常由於慣用新製作資料，所以可省略此子指令（省略時即不替換）。

MINIMUM

指定以 ORTHOPLAN 製作卡片（回答者要評價之各項目）的最少張數。
（例）
/ MINIMUM

　如省略時，則自動製作 Orthoplan 所需最少張數的卡片（項目），通常不需要特別指定。

HOLDOUT

聯合分析時為了驗證可靠性而指定製作保留卡（項目）之張數。
（例）
/ HOLDOUT = 2

　通常設定 2～6。
　在第 2 章 Orthoplan 的語法 HOLDOUT = 2 之後要加上句點「.」，這是表示包含子指令的一組 Orthoplan 指令的結束點。一般來說 HOLDOUT 子指令出現在最後，因之此句點不要忘記（如忘記會出現錯誤無法處理）。

MIXHOLD

指定 HOLDOUT CARD 的輸出位置。
（例）
/ HOLDOUT = 2 / MIXHOLD = YES

　要將保留卡混在正規卡（回答者的評價項目）之中輸出呢（YES 時）？或在正規卡之後輸出呢（NO 時）？而加以指定，因之與 HOLDOUT 子指令一併使用（單獨是無法處理的）。
　如省略時，即成為預設的 NO（換言之為接在正規卡之後輸出）。

Tea Break

- Orthoplan 可以製作幾張卡片？
  Orthoplan 製作的卡片數上限是 81。
  可是如考慮實際調查中回答者的負擔或對回答的信度，大概以 20～30 張的卡片來調查是比較好的。

■ 輸出例

如執行第 2 章 Orthoplan 時，即可輸出如下。

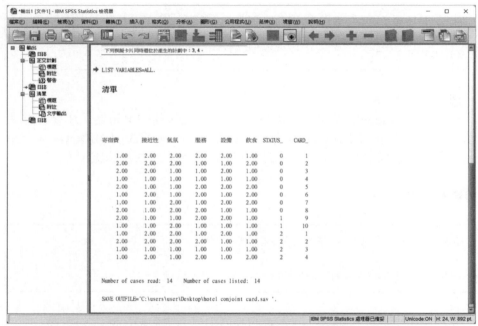

圖 5-2　Orthoplan 的執行結果

另外，為了計畫檔的儲存是以 save outfile =hotel conjoint card.sav 指定的外部檔案時，在資料編輯器中是如下加以顯示。

圖 5-3　以 Orthoplan 輸出的計畫檔案

	寄宿費	接近性	氣氛	服務	設備	飲食	STATUS_	CARD_	變數	變數	案
1	1.00	2.00	2.00	2.00	2.00	1.00	0	1			
2	2.00	2.00	2.00	1.00	1.00	2.00	0	2			
3	2.00	2.00	1.00	1.00	2.00	1.00	0	3			
4	1.00	1.00	1.00	1.00	1.00	1.00	0	4			
5	2.00	1.00	1.00	2.00	2.00	2.00	0	5			
6	1.00	2.00	1.00	2.00	1.00	2.00	0	6			
7	1.00	1.00	2.00	1.00	2.00	2.00	0	7			
8	2.00	1.00	2.00	2.00	1.00	1.00	0	8			
9	2.00	1.00	1.00	1.00	2.00	1.00	1	9			
10	1.00	1.00	2.00	1.00	1.00	1.00	1	10			
11	1.00	2.00	2.00	1.00	2.00	1.00	2	1			
12	2.00	2.00	2.00	2.00	1.00	1.00	2	2			
13	1.00	1.00	1.00	1.00	1.00	1.00	2	3			
14	1.00	2.00	1.00	2.00	1.00	2.00	2	4			

5.2 Plancards──製作問卷

■ 基本要素

┌─ 基本指令（子指令）─────────────────────┐

PLANCARDS [FACTORS = varlist]
└─── 指定要因的表示順序

[FORMAT = { LIST}
└─── 指定輸出時的格式
{ CARD }
{ BOTH }

[/ TITLE = 'string' 'string' 'string'…]
└─── 指定最上方輸出的文字列

[/ FOOTER = 'string' 'string''string'…]
└─── 指定最下方輸出的文字列

[/ OUTFILE = 'file']
└─── 單一卡片儲存在檔案中

[/ PAGENATE]
└─── 換頁

└──────────────────────────────┘

　　Plancards 是根據 Orthoplan 所製作的計畫檔案來製作實際問卷的一種手續。
　　String 即為文字列。

┌─ **PLANCARDS 語法一覽表例** ──────────┐

DATA LIST FREE / 寄宿費 接近性 氣氛 服務 設備 飲食 .　　　[Check 2]
VARIABLE LABELS
寄宿費 '渡假飯店的寄宿費 '
接近性 '渡假飯店離車站近 '
氣氛 '渡假飯店客房內的氣氛 '　　　　　　　　　　　　　[Check 3]

└──────────────────────────────┘

服務 ' 渡假飯店的服務 '
設備 ' 渡假飯店的設備 '
飲食 ' 渡假飯店的飲食 '.
VALUE　LABELS
寄宿費 1.' 重視 '　　2.' 不重視 ' /
接近性 1.' 重視 '　　2.' 不重視 ' /
氣氛　 1.' 重視 '　　2.' 不重視 ' /
服務　 1.' 重視 '　　2.' 不重視 ' /
設備　 1.' 重視 '　　2.' 不重視 ' /
飲食　 1.' 重視 '　　2.' 不重視 '.
BEGIN DATA

1.00	2.00	2.00	2.00	2.00	1.00
2.00	2.00	2.00	1.00	1.00	2.00
2.00	2.00	1.00	1.00	2.00	1.00
1.00	1.00	1.00	1.00	1.00	1.00
2.00	1.00	1.00	2.00	2.00	2.00
1.00	2.00	1.00	2.00	1.00	2.00
1.00	1.00	2.00	1.00	2.00	2.00
2.00	1.00	1.00	2.00	1.00	1.00
2.00	1.00	1.00	2.00	2.00	1.00
1.00	1.00	2.00	1.00	1.00	1.00

END DATA.
PLANCARDS format=CARD
/TITLE=' 此卡片的號碼是)card ' ' '
' 對住宿飯店的要求是重視什麼？'
/FOOTER=' 以 5 級評價，其中 '
'5: 最高評價 '
'1: 最低評價 '
' '
' 此卡片的評價是 :---------'
/OUTFILE='C:\users\user\desktop\hotel conjoint card.doc'
/paginate.

【Check 1】
【Check 4】

　　上頁的例子是根據 Orthoplan 所作成的計畫檔書寫的語法例。

【Check 1】 Begin data 與 End data 所包圍範圍中所表示的資料，是
　　　　　ORTHOPLAN 手續所製作的計畫檔案的內容除去以 Status- 與
　　　　　Card- 所輸出的欄後，再轉記各要因的資料。
　　　　　亦即是在圖 5-2 的輸出圖中，其「清單」下方的寄宿費～飲食欄

的數值。ORTHOPLAN 的輸出如 2.00 那樣顯示出小數點，只有整數部分具有意義（小數部分經常是 .00）。

轉記此輸出時，必須注意模擬卡的資料是不行轉記的。

亦即 Status_ 欄是 2 的數值是不行轉記的。

只轉記 Status_ 欄為 0（正規卡）或 1（保留卡）者，本例轉記由上方至第 10 個，最後的 2 個不轉記。

記得此時一定要按表示的順序去轉記。

Check 2 variable labels 是指定要因註解的子指令。

按各要因加上註解。

＜格式＞

要因名 ，要因註解，

要因名 ，要因註解，

⋮

要因名 ，要因註解，

當此被輸出時，與水準的內容一起具體地表示各要因的提示條件，有需要考慮能結合水準內容的表現方式。

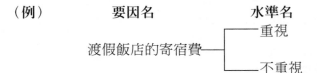

（例）　　　　要因名　　　　　水準名

渡假飯店的寄宿費　　 重視 / 不重視

（水準名會輸出其中 1 個，線不會顯示）。

上記是將要因加上註解之後，「重視」或「不重視」的其一者當作水準名，接著被輸出。

一連串要因註解的指定最後，一定要加上句點「.」。

Check 3 value labels 是指定水準註解的子指令。

＜格式＞

要因名　1，水準註解 1，2，水準註解 2，… /

要因名　1，水準註解 1，2，水準註解 2，… /

…

要因名　1，水準註解 1，2，水準註解 2，….

各要因要以「 / 」區分。此處的格式與 variable labels 之指定不同，所以要注意。

value labels 指定的最後不要忘了句點「.」。
語法最後的句點「.」也請不要忘記。

FACTORS

指定要因輸出時的表示順序。

一般 data list 子指令的記述會按順序指定變數名，因之一般是省略此子指令。

FORMAT

指定輸出時之格式。
（例）
PLANCARDS FORMAT = BOTH

可以指定的是 LIST, CARD, BOTH 3 者。
LIST 是指定一覽表形式之輸出。
CARD 是指定單一卡片形式之輸出。
BOTH 是輸出一覽表形式與單一卡片形式兩者。
如將 BOTH 記成 ALL 也沒關係。
指定 CARD 或 BOTH 時，如未指定後述的 OUTFILE 子指令時，單一形式的輸出並未被儲存在另外的檔案中，而是被插入到一覽表形式之輸出中。
若指定 LIST 的一覽表形式時，摸擬卡會有別於其他卡片而被輸出。
若指定 CARD 的單一卡片形式時，模擬卡則不會被輸出。

TITLE

如為一覽表形式時，在輸出的最上方指定要輸出的文字列。
如為單一卡片形式時，在各卡片的最上方指定要輸出的文字列。
（例）
/ TITLE = 'CARD NO.)card ' " '
　　' 此卡片的號碼是)card ' ' '
　　' 對住宿飯店的要求是重視什麼？'

文字列的內容，在一覽表形式時，會輸出「詢問文」，在單一卡片形式時會輸出「卡號的連號」與「詢問文」。

上述例子首先輸出卡片的連號後加入一空白列，接著將詢問分成 2 列來表示。

表示連號方面是按) card 指定。「) 」是輸出 card 上所指定之值的控制記號。) 與 card 要連著輸入。

又爲了加入空白列，可按引號指定空白文字列。

以一組的引號所包圍的範圍，輸出時會在 1 列中表示。

想輸出引號「,」本身時，也可以利用引號「,,」來指定。

FOOTER

如為一覽表形式時，於輸出的最後指定要輸出的文字列。
如為單一卡片形式時，於各卡片輸出的最下方指定要輸出的文字列。
（例）
/ FOOTER = ’以 5 級評價 ”’
　　　　　　’ 1…… 2 …… 3 …… 4 …… 5 …… ’
　　　　　　’不願意　　尚可　　　非常願意’

文字列如本例作成李克特量表的表示時，幾乎是促使回答者評定的指定內容。或者想表示注意事項時也可使用。

格式與 TITLE 子指令的情形完全相同。

亦即將表示的文字列以引號「,」包圍起來予以指定。

空白列如引號那樣指定空白的文字列。

涉及數列的輸出也是可能的。此時，每一列按想輸出的文字列以 1 組的引號包圍起來予以指定。

上例包含空白列在內共 6 列輸出。

OUTFILE

指定儲存單一卡片形式來輸出外部檔案。
（例）
/ OUTFILE = ’c:\users\user\desktop\hotel conjoint card.doc’

槽名及目錄名也可以一併指定。

PAGINATE

在 FORMAT 子指令中，指定 CARD 或 BOTH 時所輸出的單一卡片形式中，按各卡片的區分來輸出所指示換頁的控制碼。
（例）
/PAGINATE

　　亦即按各卡片輸出新頁的子指令。如未採取單一卡片形式輸出時，指定也無意義。

■ 輸出例
以本例，執行 Plancards 時的輸出即為如下。

一覽表形式之輸出

　　SPSS 的輸出瀏覽器，可輸出一覽表形式的內容。

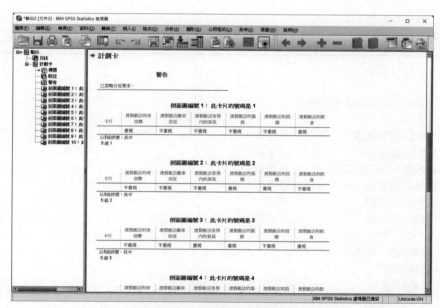

圖 5-4　一覽表形式的輸出

單一卡片形式的輸出

單一卡片形式的內容，可儲存在以 OUTFILE 子指令所指定的外部檔案。
此卡片的號碼是 1

對住宿飯店的要求是重視什麼？

渡假飯店的寄宿費	重視
渡假飯店離車站近	不重視
渡假飯店客房內的氣氛	不重視
渡假飯店的服務	不重視
渡假飯店的設備	不重視
渡假飯店的飲食	重視

以 5 級評價，其中
5：最高評價
1：最低評價

此卡片的評價是：---------

此卡片的號碼是 2

對住宿飯店的要求是重視什麼？

渡假飯店的寄宿費	不重視
渡假飯店離車站近	不重視
渡假飯店客房內的氣氛	不重視
渡假飯店的服務	重視
渡假飯店的設備	重視
渡假飯店的飲食	不重視

以 5 級評價，其中
5：最高評價
1：最低評價

此卡片的評價是：---------

⋮

圖 5-5　單一卡片形式的輸出

5.3　Conjoint──利用聯合分析估計效用值

■ 基本要素

基本指令（子指令）

CONJOINT [PLAN={*}]
└────────────── 計畫檔案之指定
               {file}

[/DATA = {*}]
   └────────── 資料的指定
        {file}
/{SEQUENCE} = varlist
     └────────────── 評定方法的指定：單一卡片時
{RANK}
   └──────────── 評定方法的指定：一覽表形式時
{SCORE}
   └──────────── 評定方法的指定：Likert 時
[/SUBJECT = variable]
[/FACTORS = varlist ['labels '](([{DISCRETE[{MORE}]}]
| {   {LESS} }
模式之指定   {LINEAR [{MORE}]}]
                        {LINEAR [{LESS}]}]
                        {{IDEAL   }
                        {{ANTIIDEAL   }
         { [values ['label ']])]
         varlist…..
[/PRINT = {ALL   }]
└──────── 輸出卡片之指定
       {ANALYSIS }
       {SIMULATION}
       {NOTE   }
[/PLOT = {ALL   }]
└────────────── 圖的輸出
      {SUMMARY }
[/UTILITY = 'file'].
   └────────────── 效用值檔案的儲存

```
┌─────────────────┐
│ Conjoint 語法例 │
└─────────────────┘
```

data list free/id card1 to card10										Check 1
missing values card1 to card10 (9).										Check 2
Begin data										Check 3

```
2    1    3    5    5    5    1    3    5    1
5    1    4    5    5    3    2    4    2    4
3    4    1    3    1    5    3    2    3    3
5    1    4    5    5    3    2    4    2    4
2    4    2    3    3    4    2    1    1    2
3    4    1    2    2    5    3    1    2    3
2    4    4    4    1    3    5    3    4    1
2    3    1    3    2    4    3    4    4    1
4    5    3    4    2    4    4    2    3    3
3    4    1    3    1    5    5    2    3    3
End data.
CONJOINT PLAN=' C:\users\user\Desktop\hotel conjoint card.sav '
/data=*
/score=card1 to card10
/subject=ID
/factors=' 寄宿費 接近性 氣氛 服務 設備 飲食 '(discrete).
/print =all
/plot=all.
/utility='c:\users\user\desktop\utility.sav'.
Save outfile='c:\users\user\desktop\final.sav'.
```

Check4

　　這是將實施調查所得的資料，根據由 ORTHOPLAN 所製作的計畫檔案進行處理的手續。

　　也就是將第 2 節所列舉的內容來源，經調查所得到的資料，為進行聯合分析所寫的語法例。

　　表記方法與 ORTHOPLAN 及 PLANCARDS 的情況相同，但 Conjoint 手續的語法由於子指令的設定選項甚多，因之要注意不要有括號的表記失誤。

Check 1　data list free/id card1 to card10

首先從變數的定義開始處，在 SPSS 的語法中是共通的。

此處是對回答者的識別 id 以及 ORTHOPLAN 所計畫的 10 個問項或卡片，當作變數加以定義。

識別回答者的變數（id），是在輸出時為了區分個別的輪廓所需要的，因之一定要指定。本例中語法加上連續號碼，但也可以使用像姓名之類的固定名詞。

連續變數的記述方法，如上述可以用 to 來省略。即

card1　to　card10

是與

card1　card2　card3　card4　card5　card6　card7　card8　card9　card10

之表記相同。

不要忘了最後的句點「.」。

Check 2　missing values card1 to card10　(9)。

　　　　　missing values 是定義遺漏值。

< 格式 >

missing values 變數名　變數名…(遺漏值).

本例是對 card1 到 card10 的變數來說，將 9 此值當作遺漏值來定義。

在聯合分析中，即使項目中有一處有遺漏值之回答，要當作無效問卷，並從估計效用值的分析對象除去。當 Likert 形式中有數個回答時（譬如 1 與 3 雙方都加圈之回答），此種有不正確之數值時，當然可視為遺漏值來處理。

Check 3

Begin data									
2	1	3	5	5	5	1	3	5	1
5	1	4	5	5	3	2	4	2	4
3	4	1	3	1	5	3	2	3	3
5	1	4	5	5	3	2	4	2	4
2	4	2	3	3	4	2	1	1	2
3	4	1	2	2	5	3	1	2	3

2	4	4	4	1	3	5	3	4	1
2	3	1	3	2	4	3	4	4	1
4	5	3	4	2	4	4	2	3	3
3	4	1	3	1	5	5	2	3	3
end data.									

此處是記述由回答者所得到的資料。

表記順序必須根據 data list 所指定的順序。

亦即：

001 2 1 3 5 5 5 1 3 5 1

是對應：

id card1 card2 card3 card4 card5 card6 card7 card8 card9 card10 的各變數。

本例是表示由 10 人收集資料。

各變數之間為了容易閱讀最好都加入適當的空格。

End data 的最後不要忘了句號「.」。

Check 4 SAVE OUTFILE = ' c：\users\user\desktop\final. sav'.

最後的 SAVE OUTPILE 是將用於聯合分析的資料當作外部檔案輸出。亦即以本例來說，由 BEGIN DATA 到 END DATA. 為止所包圍起來的範圍之資料會被輸出。

檔案的形式是 SPSS 編輯檔案的形式，副檔名為 .sav。

可以與槽名及目錄名一起指定。

語法的最後不要忘了句號「.」。

■ 各子指令的解說（Conjoint 專用）

PLAN

指定由 ORTHOPLAN 所製作的計畫檔案。
（例）
CONJOINT PLAN = 'c:\users\user\desktop\hotel conjoint card.sav'

本例是指定由 Orthoplan 手續所製作的檔案。

DATA

> 指定要進行分析處理的資料。
> （例）
> /DATA = *

　　DATA = 之後要指定資料檔名或是指定啓用檔。如使用啓用檔時，亦即如本例，將資料在 Conjoint 手續的語法內一起表示時，則使用星號「*」。或者以資料編輯器事先已製作或者有先開啓的資料時，它即可使用。
　　指定外部檔案時，可依如下。檔案被儲存的檔名與目錄名也可一併指定。
　　< 格式 >
　　/DATA = ' 檔名 '
　　< 例 >
　　/DATA = ' c:\users\user\desktop\hotel conjoint card. sav '

SEQUENCE/RANK/SCORE

> 指定讓回答者以何種形式來評定。
> （例）
> /SEQUENCE = card1　to　card10
> 或者
> /RANK = card1　to　card10
> 或者
> /SCORE = card1　to　card10

　　這些指令一定要指定其中一者，並且不行同時指定。任一情形，於子指令之後指定所評定之值的變數是需要的。
　　本例是表示此被記錄在由 card1 到 card10 的 10 個變數中。
　　各子指令分別對應如下的資料記錄方法。

SEQUENCE

> 基本上是被利用在單一卡片方式的時候。

譬如使用 10 張調查卡要求回答者評定時，要做如下的說明。

「將此處的 10 張卡片，從最喜歡的依序排列。」

調查者將回答者排列的卡片依照順序記錄。譬如，回答者將「第 2 號」的卡片當作最喜歡，其次是「5 號」、「10 號」…，最後是「8 號」，像那樣排列時，記錄者將「2　5　10…　8」的卡號依樣加以記錄。依所選順序將卡片號碼記錄即為資料。

採取如此之資料記錄方法時，要使用 SEQUENCE 子指令。

RANK

以一覽表形式決定順序時使用。

如為單一卡片形式之情形，各卡片零散地被分割，因之卡片的順序本身雖已被排序，但一覽形式的問卷時，回答者無法將項目的順號進行排列。

因此決定順位時，如下頁所示的例子，回答者按各提示項目去評價項目的順位。

既使是與上面相同的例子，第一號的項目是「第 4 位」，第二號是「第 1 位」，第三號是「第 5 位」…，第十號是「第 3 位」。

調查者按所提示的項目順號予以記錄。

亦即被記錄成「4 1 5 …3」。

SCORE

利用李克特量表時使用。

於需求調查時最頻繁加以使用的是 5 等級的李克特量表。

此時要指定 SCORE。

回答者的評定方式，以利用 3 等級、5 等級、7 等級最為常見，也可使用更大之值。譬如以 100 分當作滿分之計分來評定也是可能的。

此處的值越大，優先度即越高（該項目受到高度評價）。

Tea Break

- SEQUENCE 與 RANK 的不同？

  需要注意 SEQUENCE 與 RANK 容易混淆。

  SEQUENCE 是將優先數排序，各卡片的號碼是從屬於它，RANK 則是卡片的號碼被固定，優先數的順序是從屬於它。

SEQUENCE		RANK	
將排列之卡片號碼依序記錄		項目（卡片）固定，記錄所設定的順位	
順位	卡片	順位	卡片
[1]	CARD No 2	[4]	CARD No 1
[2]	CARD No 5	[1]	CARD No 2
[3]	CARD No 10	[5]	CARD No 3
[4]	CARD No 4	[7]	CARD No 4
[5]	CARD No 3	[2]	CARD No 5
⋮	⋮	⋮	⋮
[10]	CARD No 8	[3]	CARD No 10

調查者當作資料記錄的部分

SUBJECT

指定識別回答者之變數。

（例）

/SUBJECT=id

　這是輸出時為了區分個別的輪廓。本例是為了識別連續號碼而使用，因之指定此子指令。

　回答者的識別變數，也可將姓名的固有名詞當作水準。

　此處指定的變數名必須在 DATA LIST 中加以定義。

如果未指定 SUBJECT 時，所有的資料會被看成是一個人的回答，因之要特別注意。

FACTORS

> 為了使各要因與回答者的評定有關聯而指定模式。

此處必須注意的是變數的指定。

必須指定的變數名，即為 Orthoplan 所製作的計畫檔案中所使用的變數名。如本例所示，第一列的 DATA LIST 也可定義變數，這是有關所回收之資料的變數指定。

CONJOINT PLAN 的子指令亦即 FACTORS，必須定義所指定的計畫檔案（本例是 test01.sav）中所使用的變數名（要因名）。

如此處變數的指定有誤時，會出現以下的訊息，處理即中斷。

```
>Error # 701 in column 11.  Text: R1
>An undefined variable name, or a scratch or system variable was specified
>in a variable list which accepts only standard variables.  Check spelling
>and verify the existence of this variable.
>This command not executed.
```

```
>Error# 701 in column11. Text:R1
> 在只允許標準變數一覽表中，未定義的變數名或 scratch 或系統變數已被指定。
> 此變數請確認存在或檢查拼法。
> 此指令不能執行。
```

上述的訊息是原本在計畫檔案中之變數「寄宿費」必須被記述，但因發生失誤卻在第一列的 DATA LIST 中指定了已出現的「card1」此變數名，因之此種變數出現了未被定義（未存在）的訊息。

FACTORS 子指令的變數名之指定錯誤是經常容易發生的，故必須充分留意。

如省略 FACTORS 子指令時，被認為所有的要因是 DISCRETE 模式（預設值）。

可以指定的模式有如下 4 種，可按變數指定不同的模式。

■ 模式 1　DISCRETE
各要因與回答者的評定之間，未設定關係的模式。

例

/FACTORS= 寄宿費 接近性 氣氛 服務 設備 飲食 (DISCRETE)

如各要因的水準是名義尺度時，全部皆為此模式。

表示構成要因的各水準之值，如值愈大被認為優先數愈高時，繼 DISCRETE 之後可以指定 MORE。相反的，如值愈小被認為優先數愈高時，則可以指定 LESS。

MORE 與 LESS 在 DISCRETE 模式與 LINEAR 模式的情形中是可以指定的，但指定此對估計聯合分析的效用值並無影響。指定此是為了找出在回答者中具有與所設想傾向呈現相反傾向的人。MORE 及 LESS 的指定並非一定要。

> 第 5 章第 3 節的例子，雖將所有的要因當作 DISCRETE 模式，卻可按各變數指定模式。
> /FACTORS=card1 card2(DISCRETE) card3(LINEAR) card4(DIECRETE MORE)。
> 本例中 card1 與 card2 是設想方向性的 DISCRETE 模式，card3 是 LINEAR 模式，card4 是指定 MORE 的 DISCRETE 模式。

■ 模式 2　LINEAR
各要因與回答者的評定之間，被設想為線性關係時所指定的模式。

亦即當要因的各水準是間隔尺度以上時，則可以指定此模式。

譬如將「價格」當作要因設定時，則可以選擇此模式，但水準間的關係原則上必須假定是等間隔。

此模式也與 DISCRETE 模式一樣，可以追加 MORE 與 LESS 的指定。

譬如指定成 LINEAR MORE 是可以假定此要因所含的水準都會被選擇（喜歡）之情形。此處值愈大，「想選擇（喜歡）」的心情就愈強。

相反的，指定成 LINEAR LESS 是可以假定此要因所含的水準均想避免（不喜歡）的情形。值如果愈小，想「避免」的心情愈強。

至於「價格」的要因，通常免費是再好不過的了，因此被認為可能是便宜的較為喜歡（想避免貴的主題），此情形最好是指定 LINEAR LESS。

■ 模式 3 IDEAL
也稱爲理想點模式，可以用二次函數來描畫的模式。

要因與水準的關係有一定的適切點，因此指定此模式時，符合的要因至少需要 3 個水準（最高點的水準置於中央，位於它的兩側水準至少分別需要一個）。

譬如對某研修機會的需求調查，考慮至上課結束的「期間」時，依內容而異時間過短是美中不足的，但太長的時間也很累人，介於之間的適當時間是最受到喜歡的。如在此種情形下設定時，有時是非常適配模式的（但與以下的 ANTIIDEAL 模式一樣，對效用值的估計不會影響）。

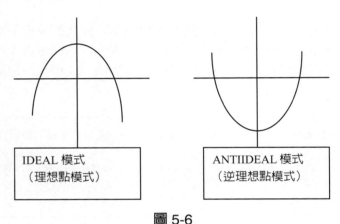

圖 5-6

■ 模式 4 ANTIIDEAL
與 IDEAL 相反，可以設想不喜歡的點，可指定比它大或比它小反而是喜歡的情形。在需求調查中，若受訪者不喜歡中間的選項，則預設的兩極端選項即可被使用。

 Tea Break

- 需求調查是使用 DISCRETE。

在教育、心理、福祉的領域中的需求調查，DISCRETE、LINEAR、IDEAL、ANTIIDEAL 的 4 個模式之中，使用頻率最高的是 DISCRETE 模式。即是因為水準是以名義尺度加以設定的緣故。

其次 LINEAR 模式針對「價格」等要因加以使用。至於 IDEAL 模式與 ANTIIDEAL 模式，在此領域的需求調查中的使用，則需要略為檢討。

此處的模式指定，對聯合分析的效用值估計不會影響，為了發現與設想的模式有不同傾向之回答者（顯示再輸出結果），通常使用 DISCRETE 模式。

即使一個子指令的語法跨數列表記也沒關係，SPSS 仍可辨識它，因之以容易看的方式來記述是最好的。

PRINT

輸出指定要顯示的卡片
（例）
/ PRINT

可以指定要讓正規卡與保留卡顯示結果呢？或者只讓模擬卡顯示結果呢？還是全部顯示呢？或者什麼也不顯示呢？

■ 指定 1　ANALYSIS
就正規卡與保留卡的結果指定輸出。

■ 指定 2　SIMULATIONS
只就模擬卡的結果指定輸出。只對調查者事先想知道的水準組合獲得資訊時才指定。

■ 指定 3　ALL
讓 ANALYSIS 與 SIMULATIONS 雙方都輸出的指定。
如省略 PRINT 子指令時，此被系統當作預設值（初期設定）。

■ 指定 4　NONE
未顯示輸出結果的指定。
指定下頁的 UTILITY 子指令，只想將效用值檔案當作外部檔案儲存時所使用。

PLOT

> 將各回答者的部分效用值與相度重要度、各要因的相對重要度的摘要，以及平均相對
> 重要度的摘要，使之繪製成圖形後輸出。
> （例）
> / PLOT=all

　　正文（Text）輸出時，相對重要度的圖無法編輯，但以此子指令所輸出的圖，可利用圖表編輯器進行各種編輯。

　　可以指定 ALL 或 SUMMARY。

　　如指定 SUMMARY，只輸出各要因的相對重要度之摘要圖以及平均相對重要度的摘要圖。

　　若想要更美觀的圖形或想簡單地編輯圖形時所指定。

　　如只要簡略的圖，那麼也可以照樣當作正文輸出予以輸出。

　　又如想講究設計時，可用下面的 UTILITY 子指令，各部分使用值等會被輸出到外部檔案，因之以它為依據再用其他圖形軟體來製作也是可以的。

UTILITY

> 將效用值檔案輸出到所指定的外部檔案中。
> （例）
> / UTILITY='c:\users\user\desktop\utility .sav'

　　效用值檔案由於是以 SPSS 的資料檔案形式輸出，因之副檔名請指定成 .sav。

　　輸出的內容，像是以 SUBJECT 所指定的變數、構成各要因的所有水準之部分效用值、效用值的常數項、有關各調查項目（卡片）的效用值分數（該回答者的部分效用值按各調查項目的合計分數）、有關模擬卡（項目）的效用值分數等。

　　如已省略時，效用值檔案即無法輸出。

　　與指定其他外部檔案一樣，檔名與目錄名可一併指定。

■ 輸出例

　　執行 CONJOINT 後的輸出例表示於圖 5-7 到圖 5-13。

　　如執行第 5 章第 3 節的語法時，首先可得出如下圖的輸出。

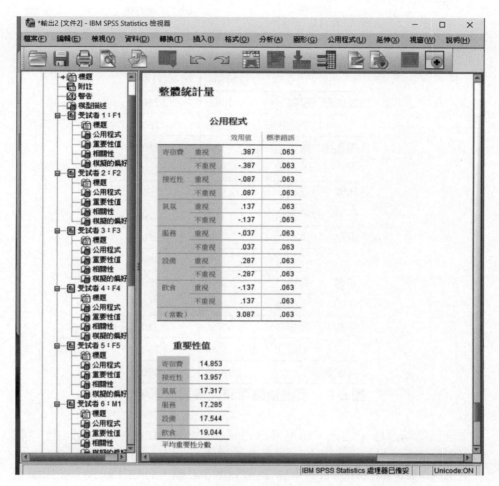

圖 5-7　CONJOINT 的執行結果

　　按各要因設定 DISCRETE 模式等之中的任一個模式時，水準數及所指定的註解即可被顯示。

　　接著表示各回答者的輪廓。

　　圖 5-7 的畫面中，雖僅表示第 1 位的輪廓，但之後對所有的回答者同樣均可輸出輪廓。

　　各回答者別的輪廓，因為分量較多，因之最初只表示一部分。

　　為了觀察全員的輪廓，以滑鼠按兩下第 1 位輪廓後，即可讓其他視窗開啟，即顯示全員的輪廓。

受訪者 10：M5

公用程式

		效用值	標準錯誤
寄宿費	重視	1.000	.250
	不重視	-1.000	.250
接近性	重視	-.250	.250
	不重視	.250	.250
氣氛	重視	-.500.	.250
	不重視	.500	.250
服務	重視	.250	.250
	不重視	-.250	.250
設備	重視	.500	.250
	不重視	-.500	.250
飲食	重視	-.750	.250
	不重視	.750	.250
（常數）		3.000	.250

圖 5-8　滑動捲軸可看見最終回答者

　　當全員的輪廓顯示之後，即可輸出如圖 5-9 之 SUBFILE SUMMARY（整體摘要）。

　　從 Averaged Importance(平均相對重要度) 之欄，可知「飲食」在判斷上是最具影響的要因。

　　又 Pearson 的相關係數是 0.993 非常高，與模式之配適度佳，亦即此聯合分析之結果，可知預測性很高。在 Simulation results 的欄中，出現對模擬卡（未被回答者直接評價）的效用值的分數。

重要性值

寄宿費	14.853
接近性	13.957
氣氛	17.317
服務	17.285
設備	17.544
飲食	19.044

平均重要性分數

相關性 [a]

	值	顯著性
Pearson's R	.993	.000
Kendall's tau	.778	.004
保留的 Kendall's tau	-1.00	.

a. 觀察偏好與估計偏好之間的相關性。

圖 5-9　整體摘要的輸出例

接著，針對模擬卡輸出模擬的偏好機率。

模擬的偏好機率 [b]

卡片編號	ID	最大公用程式 [a]	Bradiey-Terry-Luce	對數勝算
1	1	15.0%	21.3%	17.0%
2	2	0.0%	20.8%	11.1%
3	3	25.0%	26.6%	27.1%
4	4	60.0%	31.2%	44.8%

a. 包括連結的模擬

b. Bradley-Terry-Luce 及對數勝算方法中使用了 10 個受訪者（共 10 個），因為這些受訪者具有所有非負分數。

圖 5-10　模擬摘要的輸出例

此處依最大效用值（Max utility）、BTL 及 Logit 3 個模式，顯示出模擬卡被回答者群體選擇作為「最喜歡的項目」之可能性。

由本例得知，一張卡片被喜歡的可能性高，不一定是最好的。

目前為止是以「SPSS 正文輸出」所表示的結果。

接著顯示以 PLOT 子指令所指定的圖。

此處只列舉按各要因別所匯集的摘要效用（圖 5-11）與平均相對重要度的摘要（圖 5-12）之輸出例。

圖 5-11 是有關「寄宿費」之要因其各水準的部分效用值摘要圖。

由此圖知，希望是採取「重視」的立場，但「不重視」的立場則敬而遠之。

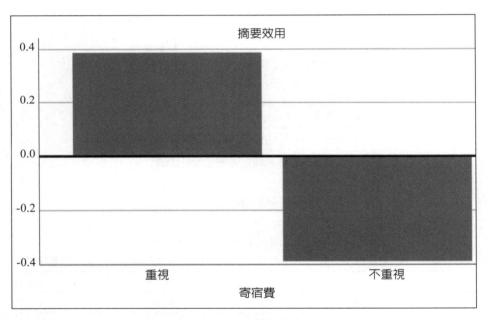

圖 5-11　摘要效用

圖 5-12 是 SUBFILE SUMMARY 的「平均相對重要度」的部分圖。

由此圖知「飲食」的好壞最受重視。

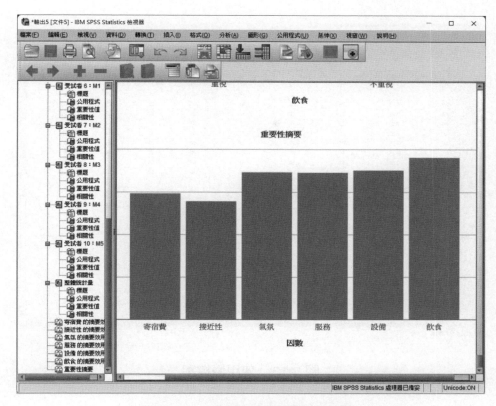

圖 5-12　平均相對重要度的摘要

　　另外，對於以 UTILITY 子指令所指定的外部檔案中，有關所有要因之各水準按回答者別的部分效用值、對所有問項各回答者的總效用、對模擬卡的總效用之值，是以 SPSS 資料檔的形式加以儲存。

　　將所輸出的效用值檔案以資料編輯器讀取後加以表示者，即為圖 5-13。

	ID	CONSTANT	寄宿費1	寄宿費2	接近性1	接近性2	氣氛1	氣氛2	服務1	服務2
1	F1	3.12	.12	-.12	.37	-.37	1.37	-1.37	-.62	
2	F2	3.62	.12	-.12	.37	-.37	.62	-.62	-.62	
3	F3	2.75	.75	-.75	-.50	.50	-.25	.25	.00	
4	F4	3.62	.12	-.12	.37	-.37	.62	-.62	-.62	
5	F5	2.62	.12	-.12	-.37	.37	.37	-.37	.13	
6	M1	2.62	.62	-.62	-.62	.62	-.13	.13	-.12	
7	M2	3.25	.25	-.25	.00	.00	-.25	.25	1.00	-1.0
8	M3	2.75	.25	-.25	.25	-.25	-.25	.25	-.25	
9	M4	3.50	.50	-.50	-.50	.50	-.25	.25	.50	
10	M5	3.00	1.00	-1.00	-.25	.25	-.50	.50	.25	

圖 5-13　效用值檔案

第6章
聯合分析綜述

本章內容

6.1 何謂聯合分析

從許多要因的組合所構成的商品，對於它的偏好程度以順序關係加以設定時，估計各個要因的效果以及同時結合尺度（許多要因之組合所決定的偏好程度等稱為：Conjoint Scale）是聯合分析（Conjoints Analysis）的目的。

就許多商品的偏好提出詢問時，與其直接詢問喜歡的程度，不如採取「最喜歡何種產品？」、「其次是哪個產品？」……等問題較為輕鬆。利用此種詢問所得到的數據，稱為「序列尺度」的數據或「順序數據」。其次，商品的**偏好**（Preference）取決於商品的形狀、式樣、價格等，解析此種各個因素對判定該商品的偏好影響之手法，即為聯合分析。

一般的聯合分析有如下的特徵：

1. 藉此探尋商品的偏好。
2. 為什麼該產品會被喜歡？可以了解各要因的影響度。
3. 它的數據即為各商品的偏好順序。

將受訪者的回答以順序所提供的數據，其解析雖然在心理學等種種領域中發展著，但在消費者研究或行銷研究的領域中，以分析有關評價偏好的手法來說，從很早起即一直受到注意。

在行銷研究的領域中，就對象（商品等）的屬性（像大小、重量、式樣等商品加上特徵的要因，稱為**屬性**（Attributes），詳細情形參照 6.2. 第 2 項）而言按各個不同水準引進對應的效用值，將此手法定義為聯合分析之情形居多。並且該效用值並非是各個屬性的偏好，而是就「整個屬性」的商品或假想商品，基於整體偏好程度的數據加以評價。

最近不限於行銷，在許多領域中也都利用聯合分析。雖然有相同的聯合分析之名稱，其中卻也存有許多差異。找出能包含所有一般性定義相當不易，關於聯合分析的定位，可以整理成圖 6-1。

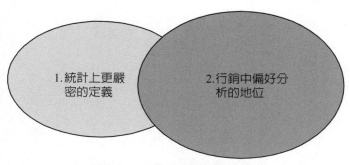

圖 6-1　聯合分析的定位

6.2　構想的評估

6.2.1　構想的測試

　　關於新商品的創意發想，可歸納爲「商品特性」、「商品圖像」，雖然可以稱爲「商品構想（Product Concept）」，但並非它的一切都能商品化。

　　利用「發想法」所得到的構想，首先要斟酌是否能爲消費者所接受。爲了使這些構想得以商品化，當進入下階段時，就需要品質展開或經濟性評價等甚花費用的作業。並且此步驟愈是往下進展就愈需要花費成本，因此設法只留下已加以嚴選的構想甚爲重要（參照圖 6-2）。可是在選別作業的途中，被捨棄的創意眞的毫無幫助嗎？愼重考慮也是非常重要的。如果其他公司根據所捨棄的創意與類似的構想進而推出商品上市，它也有成爲熱門商品的時候吧！

　　此處將所提出的創意選別過程與各階段所留下的創意數關係，表示成圖6-2。在圖上對於每一件創意及根據該創意所完成的商品（包含試作品或構想圖等），其各階段的費用也一併表示。

　　此新商品開發的各過程並不一定非照此順序進行不可，任何一個階段都需要讓消費者來評估構想才行。此時如果根據各個構想而開發的試作品或精密的模型時，消費者的評價即可更爲確實。另外製作此種精密模型等使構想具體化，需要甚多的費用與時間，因此事前必須先將構想的數目加以某種程度的精選。

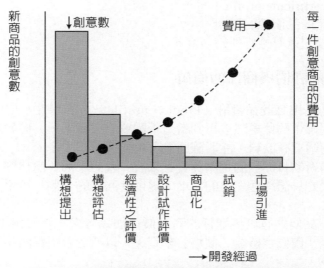

圖 6-2　創意過程之各階段所留下的創意數

亦即在製作品質表之前進行構想的評價再加以精選時，即可省去對多數構想進行品質展開的時間。可是利用品質表將構想具體化的階段中，也要參考消費者的評價，依據由品質表所得到的「圖像素描（Image sketch）」來向消費者展示，以寄望消費者的評價。

將所提出的構想利用關鍵字或形象素描來表示商品的特徵，以評估該價值的一個方法，即為本章所要解說的「聯合分析」。

6.2.2　商品的屬性與水準

決定商品價值的要因，此處稱為「**屬性**」。譬如談到「含有維他命 C、有水果口味的飲料，其價格為 200 元」時，則含有維他命 C 之有無、口味、價格即為此飲料的商品屬性。該屬性如何加以設計呢？具體表示的用語或數值稱為「**水準（Level）**」。譬如有關此「口味」屬性的一個水準即為「水果口味」，另外有關價格的一個水準即為「200 元」。

前面提到的商品屬性之想法，並不光是有形的產品，對於服務也能適用。譬如就旅行業者所提供的配套旅行（Package tour），決定旅行商品之價值的要因，可以想到旅行去處、旅行目的、日數、價格……等。接著，此配套旅行商品之構想可以用「旅行去處」、「旅行目的」、「日數」、「價格」……之類的屬性來記述。各屬性又可按水準別來劃分，譬如旅行去處可分成「歐洲」、「美國」2 水準，旅行目的分成「風景之旅」、「藝術之旅」2 水準……之類來記述，圖 6-3 是說明它的一個例子。像這樣將各屬性的水準加以組合，可以將浮現該商品圖像的商品記述（列出關鍵字也行）稱為「屬性輪廓（Attribute profile）」。

1. 屬性：決定商品價值的要因。
2. 水準：具體記述屬性條件的內容。

6.2.3　偏好的評價與商品的價值

商品的偏好是由該商品輪廓（Product profile）中的屬性水準與該組合所決定。可是明確了解此事然後再判斷是否購買的大概不多。譬如詢問購買某飲料的人為何購買該飲料，能明確回答理由的人並不太多。

但對於從事新飲料開發的企劃負責人來說，就想了解「為什麼」。亦即需要填入品質表的具體屬性與它的水準，提供此回答的一個分析手法正是聯合分析。

此處就與商品偏好有直接關係的商品價值加以考慮。在價值工程（VE）中，價值是以「價值＝機能／價格」來定義，以消費者購買商品具有的機能來掌握的居多。

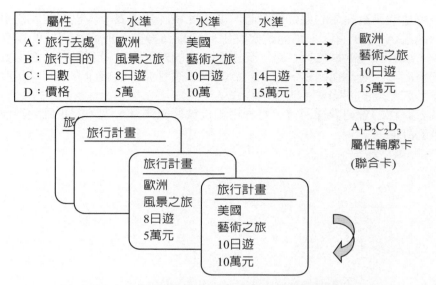

圖 6-3　配套旅行商品的構想例與屬性輪廓卡

在行銷學中，大多將價值（Value）與效用（Utility）區分處理，並以如下兩個定義加以考慮：

1. 依據消費者的評價基準，商品的整體性需求之充足度即為「價值」。許多時候，價格也可想成是一個屬性。

2. 依據消費者的評價基準，商品的整體性需求之充足度稱為「效用」，將此效用除以價格即為「價值」。亦即與 VE 的情形相同，對商品效用而言，價格的低廉即為價值。

聯合分析是為了評價各屬性對商品效用的貢獻而加以使用。此外，在價格與其他重要屬性之「權衡分析（Trade-off）」中，也可以適用聯合分析，因此採用上記 1. 的定義較為方便。在一般性的聯合分析中，對消費者需求之充足度稱為「整體效用」（Total utility）。其次，將影響商品偏好之各個屬性的效果分離求出時，各屬性的效用則稱為「部分效用」（Part worth）。從整體效用的評價結果估計部分效用之手法，也可以稱為聯合分析。

1. 全體效用：針對商品需求的充足度。
2. 部分效用：各商品屬性的效用。

6.2.4　順位數據

以一般統計解析的對象來說，容易處理的數據是計量值或計數值的數

據。可是欲測量商品的偏好程度時，使用此種計量值表示其程度並非易事。
對於商品 A 與 B 而言，雖能正確說出何者較為喜歡，但偏好程度的差異是
多少，或者像「歐洲旅行」是「美國旅行」的幾倍喜歡，若要在計量上表現
它的程度，一般甚為困難，因為對於此種「感覺性」數據而言，其「尺度」
的原點或刻度的間隔並不明確地存在。

　關於此種感覺性數據而言，可利用順位數據來測量，大多能正確地表現受
訪者的評價。

6.3　**偏好的模式**

6.3.1　**消費者行為的模式**

　　基於消費者行為的理論所建立的消費者行為之模型，即為「消費者行為模式」，有利用文件或流程圖加以記述，也有以數式來表現的，或是綜合處理「需要性認識」、「資訊探索」、「替代案評估」、「購買決策」、「購買後行動」的整個消費者行為階段之模式，也有只以某個特定階段詳細記述的模式。

　　為了理解聯合分析，需要將消費者行為的分析手法之發展經過，予以適度地掌握，特別是在替代案評價中的許多模式，均是與聯合模式有密切的關係。

　　試著針對消費者對商品的選擇或偏好進行判斷時，就思考過程中所採用的許多模式加以細想看看。此處把消費者所想到的「物」的整體，稱為「**喚起集合（Evoked Set）**」。對於由此「喚起集合（對象商品群）」內的各品牌（替代案）而言，消費者有可能基於該商品的機能等重要商品屬性進行評價，記述此時的思考過程者，即為「替代案評價」模式。

　　首先以商品屬性的觀點來分類模式。譬如以汽車的屬性來說，有價格、性能（引擎馬力）、燃料費、式樣、安全性、高速安定性、裝潢豪華……等不勝枚舉。其中引擎馬力如果夠大，即使燃料費少許貴些也無妨，可以用另一屬性彌補某一個屬性的不足之模式，稱為「補償型模式」。另外以最重要的屬性選擇品牌，該屬性不足的部分無法以其他屬性來彌補之模式，則稱為「非補償型模式」。

　　試以「補償型模式」中較具代表的「期待價模式」來說明。某消費者對品牌 j 而言，態度分數（偏好的程度）Sj 可以用如下（6-1）式來表示。

（偏好的程度）= S（屬性 i 的重要度）×（就屬性 i 而言該品牌 j 的評分）

$$S_j = \sum_{i=1}^{n} w_i b_{ij} \qquad (6\text{-}1)$$

w_i：屬性 i 的重要度
b_{ij}：就品牌 j 來說，屬性 i 的評分即消費者的信念
n：重要屬性的數目

　　（6-1）式的模式就品牌 j 而言，是屬性 i 之評分的加權平均。就所有的屬性而言，在理想的情形下，如能使 b_{ij} 的值增大，再予以設定等級時，Sj 最大的品牌即為理想的品牌。

　　以「非補償型模式」的代表來說，可以列舉如下的模式：

1. 結合模式

就重要屬性 i 而言,評分 b_{ij} 在某基準以下的品牌 j,在選定時不列入考慮而予以刪除的方法。

2. 分離模式

就重要屬性 i 而言,選擇評分 b_{ij} 在某基準以上的品牌 j 之方法。

3. 檢索模式

首先利用最重要的屬性選擇品牌,就該屬性 i 而言,其評分 b_{ij} 之值相同的品牌有數個產生時,利用次重要的屬性選擇品牌,然後重覆此操作之方法。

此處就購買汽車來說,基於某人的個人判斷,屬性(引擎馬力、燃料費、式樣)的評分 b_{ij} 與屬性 i 的重要度 w_i,其值假定如表 6-1 所示。

表 6-1　對汽車屬性的消費者評分與重要度

車種	消費者的評分 b_{ij} 之值		
	(i = 1) 引擎馬力	(i = 2) 燃料費	(i = 3) 式樣
A (i = 1)	8	9	8
B (i = 2)	10	6	10
C (i = 3)	9	7	7
D (i = 4)	9	9	6
屬性的重要度 w_i	0.3	0.5	0.2

【註】屬性的評分以最高 10 分、最低 0 分來設定等級。

以「喚起集合」來說,分別為 A、B、C、D 共 4 種車種。就此人對各屬性的重要度來說,燃料費最為重要,其次是引擎馬力,最後是式樣。另外,重要度 w_i 的等級設定,應注意其合計為 1.0。

在品牌選擇上採用結合模式,就重要度最高的燃料費來說,如果不選擇評分在 8 分以下的車子時,那麼 B 車與 C 車就落選了。

在檢索模式中對重要度最高的燃料費而言,首先選擇評分較高的 A 車與 D 車;其次就重要度屬第二高的引擎馬力比較評分時,由於 A 車比 D 車低,因之最終選擇 D 車。

其次,試計算(6-1)式所表示之期待價值模式中的態度分數。

A 車的分數:$0.3 \times 8 + 0.5 \times 9 + 0.2 \times 8 = 8.5$

B 車的分數:$0.3 \times 10 + 0.5 \times 6 + 0.2 \times 10 = 8$

C 車的分數：0.3×9 + 0.5×7 + 0.2×7 = 7.6
D 車的分數：0.3×9 + 0.5×9 + 0.2×6 = 8.4

計算結果 A 車的態度分數為 8.5，D 車的分數為 8.4。依據期待價值模式，最後應選擇 A 車。

6.3.2　偏好的模式

挑選對象（商品等）時之喜好程度，稱為「**偏好**」。定量性表示此偏好的方法之一，即為前節所說明的期待價值模式。此最單純的模式是以如下所示的加法模式，即：

$$（偏好的程度）= \Sigma（屬性 \, i \, 有關的效用）$$

在（6-1）式類型的模式中，如表 6-1 所示各屬性之水準評分與該屬性的重要度，大多直接詢問受訪者。而此處的期待價值模式，由於是以受訪者所回答之各屬性的價值予以累積來求商品整體的效用，所以也稱為「合成模式」。

相對地在聯合分析中，一開始就不是以各個屬性，而是以屬性所組合的商品來詢問受訪者的偏好，基於該結果再估計各屬性具有的效用。像這樣在聯合分析中，與商品有的各屬性重要度與屬性相互間的關係，對於受訪者（消費者）來說是何種感覺，即可分解方式加以檢討，所以也稱為「分解模式」（參照圖 6-4）。

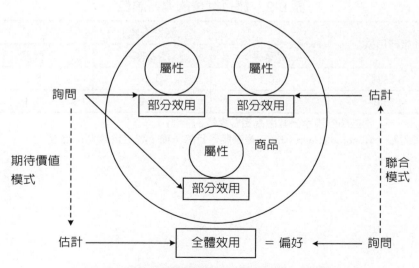

圖 6-4　期待價值模式與聯合模式之關係

6.3.3 聯合模式

由受訪者對各構想的評價，如果能取得一般性的計量值數據時，利用常見的迴歸分析等種種手法，即可估計「部分效用值」。另一方面對各構想的評價，如果給予的是順位數據時，利用單調迴歸分析 * 等的手法求部分效用值，也是需要的步驟。此處就聯合分析的想法簡單說明。

所謂聯合分析是以偏好的程度及商品的各屬性水準當作輸入資料，估計各屬性水準對偏好之影響度（此稱為部分效用值）的一種數學模式。

此處就提示給各受訪者的所有商品來說，將各屬性水準的資訊加以整理作成矩陣者，稱為「設計矩陣」。在此設計矩陣中，某商品的某屬性相當於該水準的設定值時，即為「1」；否則為「0」。受訪者的回答是各商品偏好的排名值，因此如將此順位的倒數數值當作分數來採用時，則效用值愈大、分數也會愈大，所以容易理解（愈喜歡，分數的值即愈大）。

此處以簡單的例子來說明聯合模式。受訪者想從旅行計畫當中選擇中意的計畫時，調查他是重視哪一個屬性，以及希望該屬性的哪一個水準。將 6 種旅行計畫以卡片來表示，並按偏好的順位記上分數，結果如表 6-2。接著將此意見調查（表 6-2）的分數排列稱為偏好向量 **Z**，整理記入到卡片上的各屬性與水準，即如表 6-3，此稱為設計矩陣 **D**。

設計矩陣 **D** 的值，在聯合分析的卡片製作時即已決定。在許多聯合分析軟體（SPSS Conjoint）中可以自動製作。

表 6-2　旅行計畫的偏好順位

（旅行日數）	（旅行去處）		
	夏威夷	西海岸	香港
6 日間	③ 4	① 6	⑤ 2
4 日間	④ 3	② 5	⑥ 1

①, ②, ……, ⑥的順序表示分數愈高者愈喜歡。

* 單調迴歸（Monotonic regression）是迴歸分析的一種，說明請參考 6.3.5 節。

表 6-3　對應旅行計畫（表 6-2）的設計矩陣

卡片號碼	設計矩陣					順位
	d_1 夏威夷	d_2 西海岸	d_3 香港	d_4 6 日間	d_5 4 日間	
①	0	1	0	1	0	6
②	0	1	0	0	1	5
③	1	0	0	1	0	4
④	1	0	0	0	1	3
⑤	0	0	1	1	0	2
	0	0	1	0	1	1

$$Z = \begin{bmatrix} 6 \\ 5 \\ 4 \\ 3 \\ 2 \\ 1 \end{bmatrix} \qquad D = \begin{bmatrix} 0 & 1 & 0 & 1 & 0 \\ 0 & 1 & 0 & 0 & 1 \\ 1 & 0 & 0 & 0 & 1 \\ 1 & 0 & 0 & 1 & 0 \\ 0 & 0 & 1 & 1 & 0 \\ 0 & 0 & 1 & 0 & 1 \end{bmatrix} \qquad b = \begin{bmatrix} b_1 \\ b_2 \\ b_3 \\ b_4 \\ b_5 \end{bmatrix}$$

　　偏好向量 Z 之值，是將受訪者觀看卡片所回答順位的逆順位之數值當作分數輸入到電腦中，然後輸出所得到的資訊，即為部分效用係數 b。

$$b = \begin{bmatrix} 2 \\ 4 \\ 0 \\ 2 \\ 1 \end{bmatrix}$$

　　根據此結果，旅行去處「夏威夷」的部分效用為 2，「西海岸」為 4，「香港」為 0，旅行日數「6 天」為 2，「4 天」為 1，由此可知受訪者最喜歡的旅行去處是「西海岸」，期望「6 日」甚於「4 日」。像這樣就各屬性來說，希望哪一水準的此種問題答案，即可從部分效用係數之值求得。

　　此部分效用係數之值的估計結果，如圖 6-5 所示。基於此部分效用值計算全體效用，若加上順位時，如表 6-4，即可重現表 6-3 的數據。

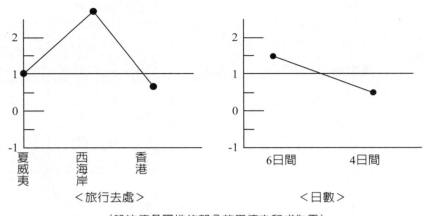

<旅行去處>　　　　　　　　<日數>

（設法使各屬性的部分效用值之和成為零）

圖 6-5　旅行計畫之部分效用值的計算結果

表 6-4　利用部分效用值所求出的偏好（整體效用）

常數項 $b_0 = 3.5$		旅行去處		
		夏威夷 $b_1 = 0$	西海岸 $b_2 = 2$	香港 $b_3 = -2$
旅行 日數	6 日間 $b4 = 0.5$	4	6	2
	4 日間 $b5 = -0.5$	3	5	1

此處就上述情形再進一步解說。

6.3.4　偏好的模式

與對象（商品等）偏好有關的各屬性水準設為 x_p，而受訪者對各屬性的個別評價設為 s_p，各屬性的比重設為 w_p，此時偏好（喜好的程度）S 的最單純模式可以表示成如下的向量模式：

$$S = \sum s_p w_p，s_p = g(x_p) \tag{6-2}$$

此處 g(x) 是表示個別評價的函數。屬性 p 的水準有最適值（理想點）x_{po}時，式（6.2）變成了 $x_p(x_p - x_{po})^2$，的模式，此即為**理想點模式**。另外，**部分效用函數**（Part worth function）設為 $f_p(x_p)$ 時，偏好 S 可以表示成：

$$S = \sum f_p(x_p) \qquad (6\text{-}3)$$

此處，在式（6-2）類型的模式中，如表 6-1 所示，將屬性的各水準評分與該屬性的比重（重要度）直接詢問受訪者的也不少，此種模式也稱為**期待價值模式**，在消費者研究中位於建立多屬性模式的核心。此期待價值模式由於是累積受訪者所回答的各屬性價值而後求出產品的整體效用，所以也被稱為**合成性**（Compositional）模式。

相對地在聯合分析方面，最初先詢問受訪者有關產品偏好的整體效用，再基於它的結果，估計各屬性具有的部分效用。像這樣在聯合分析方面，對於商品各屬性的重要度及屬性的相互間關係，受訪者（消費者）是如何感受的，即可**分解式**（Decompositional）地予以檢討。

6.3.5　聯合模式

依據受訪者對各構想的評價，如能以一般性計量值數據獲得時，以常見的迴歸分析等各種手法即可估計部分效用值。

另一方面，對各構想的評價如以序數尺度（順位數據）加以設定時，利用如下所示的單調迴歸分析等求部分效用值，也是必要的步驟。

對於順序數據 $y_1, y_2, \cdots, y_n$ 來說，第 i 個與第 j 個順序如為 $y_i < y_j$ 時，對於 $y_i \to z_i$，$y_j \to z_j$ 的變換，加上 $z_i < z_j$ 的條件，即可假定以 z 為目的變數的模式。此處 z_i 是實數，此種變換稱為**單調變換**。

針對以序數尺度所測量的偏好之單調變換值來說，如在（6-3）式中套上線性之部分效用函數時，即可得出（6-4）式。

$$z_i = \sum f_p(x_{pi}) = \sum \beta_p x_{pi} \qquad (6\text{-}4)$$

此處為了使 z_i 的適合度最大（或使不一致度最小），在 $y_i \to z_i$ 變換下求迴歸係數 β_p 的手法，稱為「**單調迴歸分析**」。

說明變數 x 如為連續量時，雖然只是表示因子，但是在一般聯合模式中是利用所謂「設計矩陣」統一加以處理。在設計矩陣中，即使說明變數是連續量，也不使用該屬性之值（長度、重量、價格等）而換成「0」、「1」的數據：「0」、「1」只是表示是否符合第幾個水準而已。

與單調迴歸中之迴歸係數向量 β 相當之偏好模式的母數 **b**，稱為部分效用係數。此時偏好向量 **Z**（間隔尺度的數據或序數尺度之數據的變換值）是以式（6-5）表示。

$$Z = D \cdot b \qquad (6\text{-}5)$$

此處設計矩陣是 $\mathbf{D} = [d_{ij}]$，當對象 i 相當於某屬性的某個水準 j（各屬性的

水準數合計設爲 M，j = 1, 2, …, M）時，$d_{ij} = 1$，若不然則爲 $d_{ij} = 0$。此種模式稱爲偏好的線性模式。在一般聯合模式中，只處理主效果，而忽略交互作用。

受訪者就第 i 個商品（商品卡）的回應（Response）如設爲 y_i 時，即爲：

$$\hat{y}_i = \beta_0 + \sum u_{ij} \tag{6-6}$$

部分效用值 u_{ij} 是利用第 j 個條件的部分效用係數乘上設計矩陣的要素值來求，即：

$$u_{ij} = b_i d_{ij} \tag{6-7}$$

以受訪者的回答 u_i 之值來說，如將原順位之逆順位的數值當作分數採用時，由於效用值 u_{ij} 愈大，分數也就愈大，所以容易了解（愈喜歡分數值就愈大）。

此處以卡片表示 6 種旅行計畫，讓受訪者按喜歡的順序打上分數，結果即爲表 6-2。基於此意見調查（決定卡片的順位）的結果，製作設計矩陣時即如表 6-3。將此分數排列後之偏好向量 Z、設計矩陣 D 以及部分效用係數向量 b 的各變數值，即爲如下：

$$Z = \begin{bmatrix} 6 \\ 5 \\ 4 \\ 3 \\ 2 \\ 1 \end{bmatrix} \quad D = \begin{bmatrix} 0 & 1 & 0 & 1 & 0 \\ 0 & 1 & 0 & 0 & 1 \\ 1 & 0 & 0 & 0 & 1 \\ 1 & 0 & 0 & 1 & 0 \\ 0 & 0 & 1 & 1 & 0 \\ 0 & 0 & 1 & 0 & 1 \end{bmatrix} \quad b = \begin{bmatrix} b_1 \\ b_2 \\ b_3 \\ b_4 \\ b_5 \end{bmatrix}$$

利用此求解式（6-5），即可求出 b。

$$b = \begin{bmatrix} 2 \\ 4 \\ 0 \\ 2 \\ 1 \end{bmatrix}$$

6.3.6　偏好順位的重現

在一般聯合分析軟體中，如將聯合卡（Conjoint card）的順位輸入時，即可輸出各屬性的部分效用值。譬如就表 6-2 中各卡片的順位，以逆順位的數

值（分數）輸入時（第 1 位的卡片①之分數設爲 6，第 2 位的卡片②之分數設爲 5，……，第 6 位的卡片⑥之分數設爲 1），即可得到聯合模式的解 **b** 之值，此事已在 6.3 節中有所說明。亦即旅行去處「夏威夷」的部分效用係數 $b_1 = 2$，旅行去處「西海岸」的部分效用係數 $b_2 = 4$，……，旅行日數「4 日間」的部分效用係數 $b_5 = 1$。

　　至於旅行計畫的卡片①之全體效用，由於是「西海岸 6 日遊」，所以 $b_2 + b_5 = 4 + 2 = 6$。另外，在卡片②方面由於是「西海岸 4 日遊」，所以 $b_2 + b_5 = 4 + 1 = 5$，……，以及在卡片⑥方面由於是「香港 4 日遊」，所以 $b_3 + b_5 = 0 + 1 = 1$，……。實際上，利用（6.6）、（6.7）式，卡片①的整體效用可計算如下：

$$y_i = \sum u_{ij} = \sum d_{ij}b_j = 0 \times b_1 + 1 \times b_2 + 0 \times b_3 + 1 \times b_4 + 0 \times b_5$$
$$= 0 \times 2 + 1 \times 4 + 0 \times 0 + 1 \times 2 + 0 \times 1 = 6$$

　　亦即在設計矩陣中將對應「1」之列的部分效用係數 b_j 相加時，可得知該卡片（聯合卡）的全體效用分數（偏好順位之逆順位數值）。

　　即使將此值予以定數倍或加上定數，也可使表 6-2 的順序重現。因此，就各屬性使不同水準的部分效用係數之合計成爲 0 之下予以設定**等級**（Scaling）時，就會很方便。在屬性「旅行去處」方面，由於 $b_1 + b_2 + b_3 = 2 + 4 + 0 = 6$，因此從所有的數據減去 $6 \div 3 = 2$，即爲 $b_1 = 0$，$b_2 = 2$，$b_3 = -2$。同樣在屬性「旅行日數」方面，由於 $b_4 + b_5 = 2 + 1 = 3$，所以從所有的數據減去 $3 \div 2 = 1.5$，得出 $b_4 = 0.5$，$b_5 = -0.5$；然後將各數據所減去的部分，即 $2 + 1.5 = 3.5$ 當作常數項 $b_0 = 3.5$。使用此安排設定等級後的部分效用向量時，像式（6-6）一樣需要加上常數項。譬如在旅行計畫的卡片①方面，計算如下：

$$y_i = b_0 + \sum d_{ij}b_j = b_0 + b_2 + b_4 = 3.5 + 2 + 0.6 = 6.1$$

　　像這樣計算出卡片②～⑥的整體效用時，如表 6-4 所示，可重現受訪者的回答而加以確認。

　　另外若受訪者的回答沒有一貫性時，或各屬性的水準間存在有特別相容的組合時，就無法嚴密地重現受訪者的順位。像此種情形，不妨求出受訪者偏好順位的逆順位之分數與聯合模式中所估計的整體效用之分數，亦即兩者之間的相關係數，而成爲表示聯合模式之「適合度」好壞與否的指標，此處最常使用 Kendall tau 係數 τ 來表示。

6.4 數據收集的方法

6.4.1 聯合分析的數據

聯合分析是向受訪者詢問各種商品的偏好，並從中收集數據。此時即使直接詢問有關商品的各個屬性，像「購買車子時，燃料費低較好嗎？」、「價格便宜較好嗎？」大多是理所當然的回答。即使處於權衡關係（trade-off）之屬性來說，也只是回答「價格便宜而且品質要好」之場面話，相當不易說出「真心話」，因此需要好好設法才行。像此種情形聯合分析是有效的。

聯合分析有以下兩種情形：一是評價商品群（記述構想時也有屬性輪廓群之情形）分析個人感想的效用，以及分析數人平均感受的效用。在使用以MONANOVA 作為代表的一般性單調迴歸分析之聯合分析模式方面，求出整個群的平均效用相當不易。因為只處理各個的偏好評價，所以數據也是將每個人加以收集、解析。另一方面，使用最多的最小平方法之聯合分析軟體方面，利用複數的受訪者合計順位數據並加以處理的情形，也是可行的。

在聯合分析的數據收集中，首先要考慮調查對象的受訪者之選取方式是否妥當？詢問項目的數目（加上順位的屬性輪廓群數）是否太多而造成受訪者的負擔？這都是要非常注意的。

6.4.2 數據的收集方法

在聯合分析中所使用的數據收集方法有 1. 整體輪廓法（Full concept），2. 二因子一覽表法，3. 配對法，4. 評分法等。

在這些數據收集方法之中，使用較多的是①整體輪廓法與②二因子一覽表法。所謂**整體輪廓法**，是將記述商品屬性之卡片與印象圖向受訪者提示，讓他排出順位的方法（參圖 6-6）。在整體輪廓法中，即使屬性的數目甚多，透過使各屬性（對應實驗計畫法中的因子）直交的配置，即可以減少屬性各輪廓數。

二因子一覽表法也稱交替法，此即在與二因子分割表相同形式之表中，讓他提出偏好順序之方法。本法如圖 6-7，若想調查的屬性是 2 個時（在公寓的例子中，即為離車站的距離與房屋面積），或許是妥當的詢問量（屬性輪廓數）吧！可是除此之外如停車場有無、建築物之層數、建築年數、窗的大小……等屬性增多時，會使排序的作業變得非常煩雜，並不太實用。

公寓 1
離車站：5 分
房屋面積：60m²
停車場：有

公寓 2
離車站：10 分
房屋面積：80m²
停車場：有

公寓 3
離車站：10 分
房屋面積：60m²
停車場：無

公寓 4
離車站：5 分
房屋面積：60m²
停車場：無

圖 6-6

另外直接詢問受訪者對各個商品的偏好，讓他以間隔尺度（非常喜歡、喜歡、普通、討厭、非常討厭等）回答之評分的採用，則有增加的趨勢。

		房屋面積		
		60m²	70m²	80m²
離車站	5 分	7	3	1
	10 分	8	5	2
	20 分	9	6	4

圖 6-7　有關公寓的二因子一覽表例

配對法是從多數的屬性輪廓中向受訪者提示每兩個，讓他回答哪個比較好的方法。採用配對法的例子有 Sawtooth 公司的**適應性聯合分析**（Adaptive Conjoint analysis）。

整體輪廓法如考慮與現狀諸多軟體的對應時，是實用性最高的方法。另外順位的下位資訊並不重要，所以也有要求受訪者只對一部分之上位訂出順位的方法。

6.4.3　在整體輪廓法中的直交表利用

利用發想法所得到的構想比其他類似的構想，是否較受到消費者的喜歡？以及哪一個屬性對消費者的偏好判斷產生甚大的影響呢？調查此種課題

時，雖然可以用聯合分析，但對像商品的構想，如設定特徵的屬性數目增多時，要如何設計問卷（大多時候是屬性輪廓卡片），即為重要的問題。

譬如表 6-5 有 5 個屬性時，儘管所有屬性的水準數均為 2，就需要製作屬性輪廓卡共 $2^5 = 32$（張），然後要求受訪者在屬性輪廓卡中，按偏好的順位從 1 位～32 位加上順位。以現實問題來說，充分理解第 25 位與第 26 位之差異後決定順位，是相當不容易的。亦即將多數的（20～30 張以上）卡片要求受訪者加上順位時，不僅讓受訪者感到疲勞，也會降低調查結果的可靠性。

表 6-5　配套旅行商品的構想

屬性	水準 1	水準 2
A：旅行去處	歐洲	美國
B：旅行目的	風景之旅	藝術之旅
C：日數	8 日遊	10 日遊
D：價格	5 萬元	10 萬元
E：住宿旅館	三星級	4 星級

像這樣如使用直交表時，即可有效率地估計各屬性的效果。直交表 6-6「上側」表示屬性的種類，「左側」表示卡片號碼，「內側」表示各屬性的水準。所謂直交表是指對任何屬性而言，各水準的實驗均能以相同次數實施所規劃的實驗方法，並且使用此直交表後，即可製作屬性輪廓卡。

在表 6-6 的 7 行直交表中，可以製作出能調查最多 7 個屬性的卡片，但儘可能將屬性數目控制在行數的 1/2～1/3 程度。亦即在 7 行的直交表中，同時加以調查的屬性數目以 4～5 個程度即可。

使用直交表並製作屬性輪廓卡（也有稱為聯合卡）時，首先必須決定哪一行要對應哪個屬性，此作業稱為「直交表上的屬性配置」。

將表 6-5 之配套旅行商品的屬性，配置在 7 行的直交表例子，如表 6-7 所示。

表 6-6　7 行的直交表例

卡片號碼	屬性的號碼						
	1	2	3	4	5	6	7
①	1	1	1	1	1	1	1
②	1	1	1	2	2	2	2

卡片號碼	屬性的號碼						
	1	2	3	4	5	6	7
③	1	2	2	1	1	2	2
④	1	2	2	2	2	1	1
⑤	2	1	2	1	2	1	2
⑥	2	1	2	2	1	2	1
⑦	2	2	1	1	2	2	1
⑧	2	2	1	2	1	1	2

表 6-7　在 7 行的直交表上分配配套旅行商品的屬性例

卡片號碼	屬性						
	1 旅行去處	2 旅行目的	3 日數	4 價格	5 住宿	6	7
(1)	1	1	1	1	1	1	1
(2)	1	1	2	2	2	2	2
(3)	1	2	2	1	1	2	2
(4)	1	2	2	2	2	1	1
(5)	2	1	2	1	2	1	2
(6)	2	1	2	2	1	2	1
(7)	2	2	1	1	2	2	1
(8)	2	2	1	2	1	1	2

←卡片 No.3

　　表 6-7 中未配置屬性之任一行，就照樣空著即可。表 6-6 及表 6-7 的內側所記載的 1～2 之數字是表示水準。譬如卡片號碼 3 的屬性輪廓卡，表示旅行去處為水準 1（歐洲）、旅行目的為水準 2（藝術）、日數為水準 2（10日遊）、價格為水準 1（5 萬元）、住宿為水準 1（3 星級大飯店）。第 6 與第 7 行均未配置屬性，因此此型的水準數並不需要記載在卡片上，而卡片號碼 3 的旅行計畫即如圖 6-8。

　　使用此直交表，關於 5 種屬性的屬性輪廓卡張數，即可從 32 張減為 8 張。而且讓受訪者對此 8 張卡片訂出順位，即可估計 5 個屬性的效果。

```
（卡片號碼 3）旅行計畫 No.3
旅行去處：歐洲
目的：藝術之旅
日數：10 日
```

圖 6-8　在直交表上對應卡片 No.3 的屬性輪廓卡

本章中假定各屬性沒有交互作用。所謂交互作用是指各屬性間特別存在性質相容之組合。譬如旅行去處經常是歐洲比美國受到喜歡，天數是 10 天比 5 天受到喜歡時，就沒有交互作用。另一方面，某人雖然喜歡美國勝於歐洲，喜歡自然勝於藝術之旅，但是如果去歐洲的話，假定想走訪藝術之旅時，此人旅行商品的偏好即有交互作用。一般聯合分析的軟體，大多是假定沒有交互作用的分析手法。有關交互作用的分析請參照相關書籍。

6.4.4　聯合分析的部分效用值之估計方法

利用受訪者回答的偏好程度 Z 與表示各屬性水準的設計矩陣 D，來估計部分效用係數向量 b 之估計法，依數據的收集方法而有不同，Green 等人即如下加以分類：

1. 目的變數（偏好）是序數尺度時：
   MONANOVA, LINMAP, JOHNSON：TRADE-OFF 法
2. 目的變數為間隔尺度時：
   通常是最小平方（OLS）迴歸（偏好迴歸等）
3. 有關選擇機率模式的一對比較數據時：
   LOGIT 模式、PROBIT 模式

另外有關 MONANOVA，LINMAP 的論文，不只是對單調變換值建議新的解析方法，並提示有具體的計算手法，對普及聯合分析在許多領域也有甚大的貢獻。此處在有關聯分析的實用性解析軟體之中，就利用實績較多的幾個方法，簡單加以介紹。

1. MONANOVA

以序數尺度所測量的偏好予以單調變換之值，與利用現行模式所計算之值，使其表示兩者之差距的應力（Stress）為最小之下以反覆計算求部分效用值。

2. TRADEOFF

將以序數尺度所測量的偏好向量值（順位之數值），直接以部分效用值的線性模式表示其不適合度指標，以反覆計算求出使之最小的部分效用值，但

不求順位的估計值。

3. LINMAP

　　各對象（商品）的屬性水準與消費者所想的理想值之差，以各屬性的加權平均距離求之，在此距離與各對象（商品）的偏好（一對比較數據）不相矛盾的限制條件下，使商品距離差之合成爲最小，再以線性計畫法求加權平均距離的比重係數。

　　Wittink 等人曾報告有關聯合分析之利用狀況，有關部分效用值之估計法的分類請參考圖 6-9。

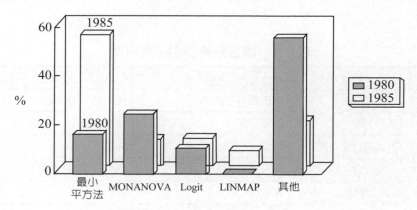

（出處：CattinandWittink,J.Marketing46,53,1989）

圖 6-9　聯合分析的部分效用值之估計法的分類

6.5 範例「上班族的活力果凍」之聯合分析

6.5.1 解析的步驟

首先，在聯合分析中想要調查的事項是「上班族的健康飲食品」之各屬性重要度與其最適水準的資訊。想調查的屬性有很多，如過於貪婪則會降低受訪者回答的可靠性。有關屬性與水準，可參考小組面談（Group Interview）或意見調查的結果，如表 6-8 決定列舉的屬性與其水準。此處是利用整體輪廓法收集數據，利用 MONACO 等單調迴歸或最小平方法求部分效用值來說明。

表 6-8　聯合分析的因子與水準

	水準 2	水準 2
A：成分	以巴西可可為中心	維他命 C 為中心
B：味	咖啡口味	水果口味
C：形狀	卵型	角型
D：式樣	成分擴散型	成分分離型
E：價格	200 元	400 元

像聯合分析軟體 SPSS Conjoint 是能自由配置在直交表上的軟體，可用來決定好各屬性所配置之行。表 6-9 是所決定的配置，將此結果輸入個人電腦中，利用 SPSS Conjoint 製作聯合卡，輸出結果如表 6-10 所示。

將此聯合卡讓受訪者看，為了讓受訪者容易掌握印象，可搭配插圖。圖 6-10 是根據表 6-10 的輸出所製作的 8 張聯合卡。

表 6-9　直交配列表上之配置與偏好位置

卡片號碼	1 行	2 行	3 行	4 行	5 行	6 行	7 行	M 小姐的偏好順位
	A 成分	B 味	C 形狀	D 式樣	E 價格			
①	1	1	1	1	1	1	1	3
②	1	1	1	2	2	2	2	4
③	1	2	2	1	1	2	2	1

卡片號碼	1 行	2 行	3 行	4 行	5 行	6 行	7 行	M 小姐的偏好順位
	A 成分	B 味	C 形狀	D 式樣	E 價格			
④	1	2	2	2	2	1	1	2
⑤	2	1	2	1	2	1	2	7
⑥	2	1	2	2	1	2	1	8
⑦	2	2	1	1	2	2	1	5
⑧	2	2	1	2	1	1	2	6

表 6-10　屬性輪廓（聯合卡）

卡片 No.1
中心成分：以可可為中心
整體口味：咖啡口味
形狀：卵型
2 成分的混合方式：全體混合
1 箱的價錢：200 元

卡片 No.2
中心成分：以可可為中心
整體口味：咖啡口味
形狀：卵型
2 成分的混合方式：2 成分分離
1 箱的價錢：400 元

卡片 No.3
中心成分：以可可為中心
整體口味：水果口味
形狀：直方體
2 成分的混合方式：全體混合
1 箱的價錢：200 元

卡片 No.4
中心成分：以可可為中心
整體口味：水果口味
形狀：直方體
2 成分的混合方式：2 成分分離
1 箱的價錢：400 元

卡片 No.5
中心成分：以維他命 C 為中心
整體口味：咖啡口味
形狀：直方體
2 成分的混合方式：全體混合
1 箱的價錢：400 元

卡片 No.6
中心成分：以維他命 C 為中心
整體口味：咖啡口味
形狀：直方體
2 成分的混合方式：2 成分分離
1 箱的價錢：200 元

卡片 No.7
中心成分：以維他命 C 為中心
整體口味：水果口味
形狀：卵型
2 成分的混合方式：全體混合
1 箱的價錢：400 元

卡片 No.8
中心成分：以維他命 C 為中心
整體口味：水果口味
形狀：卵型
2 成分的混合方式：2 成分分離
1 箱的價錢：200 元

　　此聯合分析中受訪者共有 18 名，此處只比較 8 張卡片，按「想要購買」的順序排列，想來並不怎麼困難。

　　接著是計算部分效用值。18 名的屬性評價也可利用一般軟體求之，但此處利用 SPSS Conjoint 就每一位的偏好來說明解析的結果。

　　每個人的評價具有些微的差異，但並無決定性差異，整體的解析結果也幾乎相同。此處試以標準的上班族、在都市銀行上班、年齡 27 歲的 M 小姐之偏好來分析。M 小姐的偏好順位，表示在表 6-9 的右側。

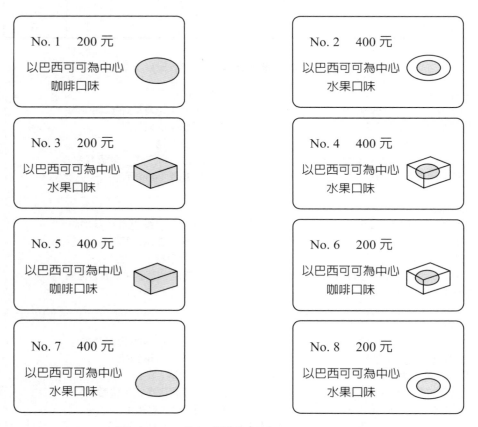

圖 6-10　「上班族活力果凍」的聯合卡

【註】輪廓能配合圖形的描述更容易讓受訪者清楚內容。

6.5.2　分析結果的看法

　　試就 M 小姐的偏好稍加詳細地考察看看。首先，如將個人電腦輸出的部分效用係數值加以整理時，即如表 6-11。

　　就受訪者的偏好，判斷哪一個屬性的影響較大，不妨從各屬性的水準之間，以部分效用係數的寬度（最大值減最小值）來看即可。

　　依據表 6-11 得知「上班族的活力果凍」之屬性，由於「成分」是 2 – (–2) = 4，「式樣」是 0.5 – (–0.5) = 1，所以「成分」比「式樣」的影響大。

表 6-11　M 小姐「上班族活力果凍」之偏好

屬性	部分效用係數		貢獻率	最適水準
	第 1 水準	第 2 水準		
A（成分）	2.005	-2.005	76.2	A1（巴西可可為中心）
B（口味）	-1.002	1.002	19.0	B2（水果口味）
C（形狀）	0.0	0.0	0.0	—
D（式樣）	0.501	-0.501	4.8	C1（成分擴散型）
E（價格）	0.0	0.0	0.0	—

　　如表 6-11，在許多聯合分析的軟體中，不用部分效用係數的寬度，而以貢獻率加以表示的也很多。觀察此結果可見「成分」的貢獻最大，對偏好順位之分數而言，大約 76% 是受「成分」的影響。

　　就影響最大的屬性來說，調查哪一個水準最理想之問題，可以觀察部分效用係數之值。亦即，此值較大者即為最適水準。另外如圖 6-11，將部分效用係數值做成圖形的軟體也很多。觀察圖 6-11 可得知「成分」的貢獻率最大，而最理想的水準是「以巴西可可為中心」。

　　然後，組合各屬性之最理想水準者，即為最適構想。對於「上班族的活力果凍」來說，M 小姐的偏好是「以巴西可可為中心」、「水果口味」、「成分擴散型」。形狀與價格不管是哪一水準均可獲得相同結果。此處要注意的是，在向受訪者提示的輪廓（聯合卡）中，此理想水準的組合也有不存在的，而且如發生此種情形，最好再度傾聽受訪者有關此組合的判斷。

　　此處試著就 M 小姐的偏好進行分析，與剩下的 17 人相比，「成分」與「味道」的傾向雖然一致，但在「式樣」方面仍可看出不同的傾向。最後將全員的數據合計，即可求出全體的部分效用係數。

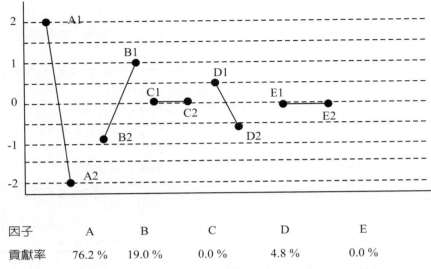

因子	A	B	C	D	E
貢獻率	76.2％	19.0％	0.0％	4.8％	0.0％

圖 6-11　關於「上班族活力果凍」的各屬性部分效用係數值與貢獻率

 Tea Break

聯合分析（Conjoint analysis），早期稱為聯合衡量，是西元 1964 年由數理心理學家 R.Luce 和統計學家 J.Tukey 提出來的。西元 1971 年由 P. Green 和 V.Rao 引入消費者行為研究領域，成為該研究領域內最重要的研究方法之一。西元 1978 年 F.Carmone、P. Green 和 A.Jain 等人將聯合衡量改為聯合分析。在理論發展過程中，套用性的研究占據了理論發展的主流，並伴以漸進的理論性研究。這充分表明了聯合分析法在現實中的有效性。隨著該方法的廣泛傳播，其套用範圍從市場調查研究領域延伸到更廣涉及選擇偏好的領域，甚至涵蓋了金融、醫療衛生、農村消費、流通業、會展以及選舉等領域。據 Wittink 調查，在西元 1981～1984 年間，聯合分析法套用於商業研究的例子平均達 400 例。

第 7 章
以聯合分析法探討台灣消費者購買時尚雜誌之偏好研究

本章內容

7.1 研究問題與目的

7.1.1 研究背景與動機

近 10 年來台灣的雜誌出版生態有了極大的變化：崇尚「大量發行主義」的大眾雜誌由全盛而漸漸勢微，取而代之的是分眾雜誌成功的搶灘市場，定位於時裝、科學、電腦、理財、網路、女性、青少年……等開始抬頭；同時，國際知名品牌雜誌大舉進軍台灣，造成雜誌市場群雄並起、各領風騷的景況。

然而一直以來，時尚雜誌卻未能有良好的銷售量。一般認為時尚雜誌不夠為大眾接受的原因為：未對消費者做好教育工作。例如很多人仍對時尚雜誌保持偏狹的觀念，造成有些人想看卻不想買。再者為閱讀習慣，時尚雜誌印刷品質較其他雜誌優良，但也相對造成成本上升，比起一般時效性的雜誌如時報週刊等，看完隨手擺放而不覺得可惜的雜誌，其銷售可能就比較不容易。（孫良輔，1990）

但是根據中華民國出版年鑑中，AC 尼爾森（ACNielsen）所做的調查顯示，時尚雜誌在銷售排行榜上有逐年升高之趨勢，這說明了以往較不受重視的時尚雜誌現在也開始加入競爭的行列中，並且當年不被接受的原因也逐漸克服。本研究即是要在這樣一個分眾化同質性高之競爭市場中，找出當建構品牌形象時，何種屬性才是達成銷售之最重要指標。如此才能強化時尚雜誌的產品個性和特色，並使其長存。

7.1.2 研究目的

根據上述研究動機，本研究將探討消費者在購買時尚雜誌時的偏好，是否因為不同的產品屬性造成購買決策的不同。

7.2 文獻探討

7.2.1 聯合分析法之內涵

聯合分析法（Conjoint Analysis）是利用潛在消費者對於各種不同產品的評估，來發現消費者本身的需求與價值的結構，從這個結構可以發展出有關購買者，其對於以哪些需求來設計的不同產品所可能產生的反應之評估。而且自西元 1970 年開始就逐漸被視爲一種重要且有效的行銷技術，用來衡量消費者對產品與服務的多重態度。聯合分析法可以提供有效的方法來估計大量不同屬性水準之效用值並且同時保留住其個別的相異處。與其他的多變量分析方法相比，聯合分析法乃是一種分解性的技術，它將不同的產品屬性水準加以組合成替選方案，使受訪者同時對數個替選方案進行偏好排序之評估，藉此更了解與反映實際決策過程。

然而如前述文獻中，得知聯合分析法可以有效衡量消費者在面對由眾多不同屬性水準構成之產品或服務時的多重屬性購買決策行爲。再者，聯合分析法要求受訪者考慮各屬性間之取捨，比直接詢問受訪者理想點的屬性水準及屬性重要性來得實際。因此更能貼近消費者實際購買行爲。

7.2.2 重要屬性歸納

表 7-1　前試之重要屬性歸納

重要屬性	內容概述
品牌名聲	雜誌品牌的知名度與個性
質感格調	雜誌內容取向具有的特定風格且需具備一定的價值性
附加利益	雜誌的利益及附加價值層面，如價格合理性、具有啓發性或贈品與商品折價券等
資訊獲取	雜誌內容資訊供給完整度及豐富度
異國風味	崇尚先進國家的品牌、希望藉此提昇自己被注目的程度
代表人物形象	雜誌封面／內容人物需具備吸引力，如明星或模特兒
內容偏好	雜誌在整體內容呈現出的風格以及消費者對文化的認同度
購買通路	雜誌購得的管道
追求流行時尚	掌握當季時尚主流，追求時尚之生活態度
生活品味	生活的享受方式與鑑賞能力

7.2.3 時尚的定義

由於流行牽扯到的是社會集體而非個人的概念，是一種象徵意義並且不是突然發生的，是需要地點、時間的循序發展，當然這樣的一個象徵性概念還必須被很多人廣為接納及採用，才能算是社會集體的流行，否則只能算是個人的偏好。流行的型態依據生命週期的不同，流行的型態可分為三種，分別為風潮、時尚與經典。

1. 風潮（Fad）：風潮是指流行的生命週期非常短暫、無法預期，且經常出現相當大的旋風後，卻又在短時間內消失，使用的人數也在短時間內達到高峰後銳減，之後甚至可能消聲匿跡。

2. 時尚（Fashion）：時尚是指一般的流行型態，經由漸進的速度由導入期、成熟期到衰退期，因為其生命週期的時間延續性較長，所以大部分的流行商品都具有這個型態；而且因為時代變遷，流行會產生循環性，所以時尚的商品可能經過一段時間的沉潛後，會再重新跳上時代的流行舞台。

3. 經典（Classic）：經典是指流行的生命週期風潮較為平緩而持續，有著「不退流行」的現象，不論各季的流行主題如何變化，這些經典的題材仍然可以發現她們的蹤跡，並廣受消費者的持續愛用。

7.2.4 品牌形象的定義

Aaker（1991）解釋品牌形象為一組品牌聯想型態，通常以有意義的方式將品牌聯想劃分 11 種特性：產品特性、無形性、顧客利益、相對價格、使用／運用、使用者／顧客、名人／人、生活方式／人格、產品種類、競爭者及國家／地理區域。然而，即使這些聯想被均等的歸類，但由於不同聯想具有不同強度特性，因此不同的聯想將對品牌形象有不同的影響效果。其構面意即品牌的聯想強度，Keller（1993）提出品牌形象構面的觀點：

1. 屬性（Attributes）：品牌代表產品的某些屬性，與產品直接有關的功能、價格、包裝、使用情境等，和與產品無關且被創造出來的；如賓士代表尊貴顯榮等。

2. 利益（Benefits）：屬性轉換成產品實質功能或情感訴求的利益點，包括經驗、功能和象徵等。

3. 價值（Value）：品牌隱含消費者認同的價值意義，如消費者購買品牌時，並非購買這項「產品」，而是購買該產品所帶來的「心裡認同」。

4. 文化性（Culture）：品牌所擁有的表徵或潛藏的文化，具備傳達文化發展和教育功能。

7.2.5　生活型態的定義

　　Kotler（1994）表示生活型態能描繪出「個人整體」與周遭環境的互動關係，意即是指一個人生活在世上的型態，它表現在一個人的活動（Activity）、興趣（Interest）與意見（Opinion）上。有關生活型態的定義很多，可歸納出：

1. 研究對象包含了個人以及社會群體之生活方式及行為模式。
2. 會受到內在及外在環境影響，亦即個人心理因素和社會環境因素會相互互動。
3. 會反映在個人活動、興趣與意見的行為模式上。
4. 可進行時間及金錢的分配。

7.2.6　人口統計變項

　　人口統計變項即是指受訪者的個人背景資料。問卷調查中受訪者之人口統計資料，包含以下項目：

1. 年齡。
2. 性別。
3. 教育程度。
4. 職業別。
5. 居住地。
6. 月平均所得。
7. 月平均治裝費。
8. 閱讀時尚雜誌頻率。

7.3 研究設計

　　研究中以聯合分析模式預測消費者對時尚雜誌產品之偏好屬性與各屬性間之相對重要程度。研究設計中包括先透過文獻回顧篩選出五大重要偏好屬性。根據 Green & Srinivasan（1978）提出的聯合分析法步驟，本研究問卷設計如下：選擇偏好模式為「成分效用值模式」；資料收集的方法採取「整體輪廓法」；而受測體之決定則採「部分要因設計」（直交排列法）；佐以「文字描述方式」來描述受測體；在衡量屬性偏好上所用的尺度為「名目尺度」，故將採用「LOGIT」法來估計參數。

7.3.1 決定影響時尚雜誌偏好之重要屬性

　　在前試（Pilot study）中，將文獻回顧（表 7-1）之十個重要屬性以五點的李克特（Likert）量表設計，用來衡量消費者對於時尚雜誌各屬性的重視程度。每題以「非常不重要」至「非常重要」，區分為五個衡量尺度，分別給予 1～5 分，題目皆為正向題，愈重視則其得分愈高。最後取其平均分數最高之前五大屬性，以作為最後問卷設計中最具代表性的重要屬性。

　　在前試問卷部分共發放 80 份，其中 72 份為有效問卷，回收率達 90%。前試問卷最後結果得出得分最高的前五大重要屬性為「質感格調」、「內容偏好」、「品牌名聲」、「資訊獲取」與「追求流行時尚」。

表 7-2　前試問卷統計結果

重要屬性	平均分數	排名	顯著性
品牌名聲	4.3889	3	0.974
質感格調	4.4167	1	0.786
附加利益	3.7639	9	0.555
資訊獲取	4.2361	4	0.671
異國風味	4.2083	6	0.201
代表人物形象	3.8194	8	0.548
內容偏好	4.4028	2	0.285
購買通路	3.7500	10	0.925
追求流行時尚	4.2361	4	0.166
生活品味	3.9583	7	0.766

7.3.2　重要屬性與其水準分級

經由前試問卷篩選出最重要之五大屬性並進一步確認其水準分級如下：

表 7-3　重要屬性與水準分級

重要屬性	水準分級
質感格調	1. 印刷紙質精美有質感 2. 能代表身分地位
內容偏好	1. 雜誌內容取向成熟穩重 2. 雜誌內容注重個人生活品味
品牌名聲	1. 品牌知名度高 2. 品牌個性獨特且明確
資訊獲取	1. 高級品牌相關資訊的介紹 2. 各類相關產品資訊
追求流行時尚	1. 掌握當季時尚主流 2. 獲取新知識

7.3.3　建立受測體

根據上述所決定的屬性及水準，若以完全因子設計，將會組成 $2 \times 2 \times 2 \times 2 \times 2 = 32$ 個受測體，將遠超過受訪者資訊負荷過度，無法對其做偏好的衡量，因此需減少受測體數目。本研究利用 SPSS 統計軟體中的直交設計（Orthogonal design）功能來決定受測體，亦即只考慮主要效果不考慮因子間之交互作用。利用此方法將受測體減少至 10 個組合方案。其中包括 8 個替選方案（Non-holdout cases）與 2 個單只為驗證效度用的方案（Holdout cases）。此種偏好衡量方式可得到受訪者對各屬性之重視程度、各替選方案之效用與個別屬性之成分效用值（Part-worth）等三種數據（Hu and Hiemstra, 1996）。

7.3.4　問卷設計

問卷內容共分為三大部分。

1. 受訪者的生活型態：包括受訪者所消費的產品與服務、活動、興趣、意見、價值系統、人格特質與自我概念，以及對於不同產品的態度與所追求的利益等八項。

2. 受訪者之人口統計資料：包括受訪者之性別、年齡、教育程度、職業別、居住地、月平均所得、月平均治裝費、閱讀時尚雜誌頻率等。
3. 受訪者對時尚雜誌屬性之偏好程度：此部分又分為兩種衡量方式。第一部分：包括五題有關消費者選擇時尚雜誌時的問題，其中以五點李克特量表設計來衡量消費者對五大重要屬性的個別重視情形。第二部分：利用完整之聯合分析法實驗設計下，將各屬性水準之產品組合採用直交排列法後列於問卷中，提供受訪者依偏好程度高低進行 10 個替選方案之排序工作。

7.3.5 選擇抽樣對象

於問卷網站上，採取便利之抽樣方式進行資料收集工作，本次共回收 363 份有效問卷。

7.4　研究結果分析

7.4.1　整體偏好排序模式分析

依據替選方案排序結果發現（表 7-4）：消費者對於各屬性的重視程度依次為品牌名聲（26.97%）、內容偏好（20.83%）、追求流行時尚（16.68%）與質感格調（17.07%）、資訊獲取（15.46%）。在各屬性不同的效用值方面，消費者並不因為時尚雜誌印刷精緻具質感而對替選方案的效用提高；顯示出消費者對於時尚雜誌是否能提升個人形象較感興趣。再者，消費者對於時尚雜誌提供各類相關產品資訊的效用值較高；推論消費者對於雜誌的內容資訊完整度及豐富度較為重視。從內容偏好與品牌名聲的屬性效用值亦可觀察到，消費者追求的是良好的生活品味與獨特明確的產品風格。而掌握流行趨勢能使消費者效用值提昇。此偏好排序模式 Pearson's 相關係數達 0.851（p < 0.05），亦即用於預測整體效用時有接近 85% 的正確率。因此可知本研究結果可有效預測受訪者對時尚雜誌之偏好。

表 7-4　偏好排序模式結果

屬性與分級	屬性效用值	屬性相對重要程度
質感格調 印刷紙質精美有質感 能代表身分地位	0.2109 −0.2109	17.07%
內容偏好 雜誌內容取向成熟穩重 雜誌內容注重個人生活品味	−0.6465 0.6465	20.83%
品牌名聲 品牌知名度高 品牌個性獨特且明確	−0.6230 0.6230	26.97%
資訊獲取 高級品牌相關資訊的介紹 各類相關產品資訊	0.3690 −0.3690	15.46%
追求流行時尚 掌握當季時尚主流 獲取新知識	0.0933 −0.0933	16.68%
常數項	4.6335	
Pearson's R = 0.851(p<0.05) Kendall tau = 0.786(p<0.05) Kendall tau(holdout) = 1.0 (p<0.05)		

7.4.2 不同生活型態者偏好排序模式分析

　　若將抽樣對象依不同生活型態分為「時尚崇拜者」、「時尚愛好者」與「品味生活者」時，三類完全顯示出不同之偏好情形（表 7-5）。以時尚崇拜為購買目的者其相對重視排序為品牌名聲（28.79%）＞追求流行時尚（20.97%）＞質感格調（16.43%）＞內容偏好（16.39%）＞資訊獲取（14.42%）。其次以時尚愛好者其相對重視排序為品牌名聲（26.70%）＞內容偏好（21.49%）＞追求流行時尚（16.14%）＞質感格調（16.95%）＞資訊獲取（15.73%）。最後品味生活者之樣本偏好排序則為追求流行時尚（25.76%）＞品牌名聲（25.14%）＞質感格調（22.26%）＞資訊獲取（13.94%）＞內容偏好（12.89%）。

　　透過表 7-5 可看出時尚崇拜者對於品牌名聲與追求流行時尚最為重視，其次才是內容偏好。時尚愛好者則是以品牌名聲與內容偏好為考量的重點。而品味生活者對於追求流行時尚高於品牌名聲與質感格調兩項。三者之預測效用正確率以品味生活者最高（R =1.00），其次為時尚愛好者（R = 0.858），最後則是時尚崇拜者（R = 0.800）。

表 7-5　不同生活型態偏好排序之比較

屬性與分級	時尚崇拜者（N=57）		時尚愛好者（N=292）		品味生活者（N=14）	
	效用值	相對重要程度	效用值	相對重要程度	效用值	相對重要程度
質感格調 印刷紙質精美有質感 能代表身分地位	0.3463 −0.3463	16.43%	0.1744 −0.1744	16.95%	0.4208 −0.4208	22.26%
內容偏好 雜誌內容取向成熟穩重 雜誌內容注重個人生活品味	−0.4291 0.4291	16.39%	−0.7017 0.7017	21.49%	−0.3797 0.3797	12.89%
品牌名聲 品牌知名度高 品牌個性獨特且明確	−0.6243 0.6243	28.79%	−0.6710 0.6710	26.70%	−0.3843 0.3843	25.14%
資訊獲取 高級品牌相關資訊的介紹 各類相關產品資訊	0.3552 −0.3552	14.42%	0.3908 −0.3908	15.73%	0.0171 −0.0171	13.94%
追求流行時尚 掌握當季時尚主流 獲取新知識	0.0927 −0.0927	20.97%	0.1096 −0.1096	16.14%	0.2446 −0.2446	25.76%
常數項	4.6329		4.6416		4.4651	
	Pearson's =0.800(p<0.05) Kendall tau = 0.643(p<0.05) Kendall tau (holdout) = 1.0 (p<0.05)		Pearson's =0.858(p<0.05) Kendall tau = 0.786(p<0.05) Kendall tau (holdout) = 1.0 (p<0.05)		Pearson's =1.00(p<0.05) Kendall tau = 1.00(p<0.05) Kendall tau (holdout) = 1.0 (p<0.05)	

7.5 結論與建議

　　研究發現若將消費者分群為「不同生活型態」時,不同特性之消費者對時尚雜誌重要屬性之偏好排序會顯著不同。在不同生活型態消費者分群中的「品味生活者」顯示出不同於一般消費者的偏好特性。這一群組之消費者對「追求流行時尚」最為重視,而他們對流行事物注意強烈且行動積極,追求時尚之生活態度也很活躍。不僅重視個人風格的獨特性,也對自我的品味與鑑賞能力相當有自信。因此建議未來可以進一步針對不同屬性的分群進行深入研究。

第 8 章
以聯合分析法探討消費者對速食麵屬性偏好之研究

本章內容

　　聯合分析是一套能將消費者對產品各屬性之偏好綜合加以分析的方法。故本研究希望透過聯合分析法來找出消費者在選擇速食麵時所考量因素的優先順序，並且探討消費者對速食麵產品重要屬性的重視程度，包括口味、價格、包裝及品牌等四個屬性，找出消費者對速食麵產品屬性偏好的最佳組合，進而對速食麵市場的消費行為有更深入的了解。實證結果顯示，最佳速食麵產品組合為日式口味、價格 11～25 元、袋裝包裝和維力品牌。本研究貢獻為幫助速食麵廠商擬定速食麵產品行銷策略的參考依據。

8.1 研究問題與目的

8.1.1 研究動機

　　「泡麵」自發明迄今已有四十餘年的歷史，由於泡麵具有「可口」、「便利」、「合理價格」、「衛生而安全」等產品特性，泡麵市場的成長相當快速且有相當的市場規模。台灣的速食麵產業生命週期經歷萌芽期、成長期，目前處於成熟期階段，市場成長較趨緩。因此本研究的動機，乃期望透過速食麵產業的消費者偏好分析，了解消費者對於速食麵屬性的偏好，進而設法提供不同目標消費群偏好，藉以提高廠商收益。

8.1.2 研究目的

　　目前台灣速食麵的產業飽和，速食麵產業之業者必須提升產品的附加價值，且了解消費者對於速食麵的偏好，進而設法提供不同目標消費群新的產品，才有機會開拓新市場。本研究旨在了解目前消費者對速食麵的消費偏好、態度與行為現況，以及相關影響因素。具體的研究目的如下：
1. 了解速食麵市場中，消費者對速食麵屬性偏好之架構。
2. 綜合研究結果，提供速食麵業者擬定速食麵行銷策略之參考依據。

8.2　文獻探討

一、台灣速食麵產業概況描述

(一) 速食麵的消費型態

依據 2003 ICT（Integrated consumer tendency）台灣消費者生活型態研究，台灣速食麵產業，目標消費群大多集中在 15～29 歲之年齡層，而消費者對於速食麵選購考量、常用的品牌、種類、食用頻率以及食用時機敘述如下：

1. 消費者於選購速食麵之主要考量因素，以口味爲第一要素，其次依序爲使用方便、麵體 Q、知名度高等。
2. 2002 年，消費者最常吃的十種速食麵品牌如下：統一肉燥麵、維力炸醬麵、統一阿 Q 桶麵、來一客、統一肉骨茶麵、一度贊、統一科學麵、眞爽、統一蔥燒牛肉麵，及統一滿漢大餐。
3. 速食麵消費者常食用的種類依序爲牛肉、豬肉、海鮮、炸醬、辣味、素食及雞肉等。
4. 消費者速食麵的食用頻率以 1 個月 1 次最多，其次是 1 週 1 次。
5. 消費者主要速食麵的使用時機以點心爲主，宵夜次之。

(二) 台灣速食麵產業沿革

共可分爲萌芽期（1967～1972 年）、成長期（1973～1997 年）、成熟期（1997 年～迄今）等三階段。

1. 萌芽期：台灣速食麵產業源起於 1967 年，此時期台灣速食麵的產品製造以模仿日本產品爲主。生產廠商只有國際食品與維力食品兩家公司。
2. 成長期：1970 年統一企業推出統一肉燥麵，1973 年維力食品公司開發出炸醬麵，1973 年味王公司推出味王原汁牛肉麵以及味丹企業生產的味味 A 排骨雞麵，以上四種產品統稱速食麵的「四大天王」。
3. 成熟期：此時期的統一企業針對不同消費群進行市場區隔，推出杯裝與桶裝的速食麵，如來一客、阿 Q 桶麵。但近年來連鎖便利商店積極開拓鮮食產品，對速食麵產生替代效果。2000 年的台灣速食麵產銷值爲 108 億元，2001 年驟降爲 88 億元，2002 年增加了 2 億元約爲新台幣 90 億元。2003 年第一季雖因康師傅進入台灣市場，市場有顯著成長，但到了第二季與第三季市場又呈現停滯現象（江榮俊，2004；經濟部，2003）。

二、聯合分析法

衡量消費者偏好的方法有迴歸、期望價值模式、多屬性價值分析、邏輯模

式以及聯合分析。其中,聯合分析法是利用潛在消費者對於各種不同產品的評估,來發現消費者本身的需求與價值的結構,從這個結構可以發展出有關購買者對於以需求來設計的不同產品,所可能產生的反應之評估(陳耀茂,1999)。聯合分析中有許多不同的假設、分析方法及實驗步驟。因此了解聯合分析法之共同性及歧異性均非常重要(Louviere,1998)。本研究聯合分析法在應用上亦有其受限之處,當屬性及水準數目過多,易造成受訪者產生資訊過度的問題。Green(1984)建議採用自顯性方法(Self-explicited approach)、混合聯合分析(Hybrid conjoint analysis)與適應性聯合分析(Adaptive conjoint analysis)等三種解決方式。

Green 和 Srinivasan(1978)將聯合分析法的分析過程分為六個部分:

1. 偏好模式的選擇
2. 資料收集的方法
3. 建立整體輪廓之受測體
4. 受測體的描述
5. 應變數的衡量尺度
6. 參數估計的方法

每個階段都各有數種方法供研究者運用。其中整體輪廓法(又稱「觀念評估法」或「多因素評估法」),受訪者一次需要面對所有重要屬性某一水準組成的受測體,此一受測體可視為產品的整體輪廓,受訪者依其偏好程度將所有受測體集合做整體性的評估後,排列其先後順序。綜合上述,本研究採聯合分析法來探討消費者對速食麵屬性偏好之研究,並採用聯合分析中的整體輪廓法、圖示呈現法和非計量尺度的順序尺度來收集相關資料,並予以衡量。

8.3 研究設計

在確認研究動機、研究目的並透過文獻探討後，歸納本研究的設計方法，如下圖所示。

一、研究動機

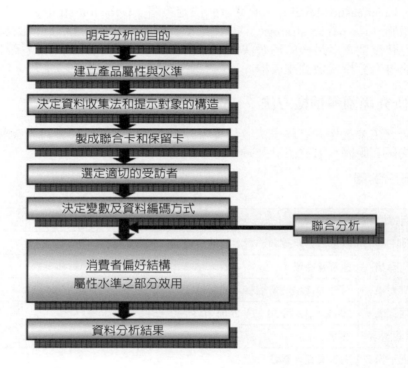

明定分析的目的

建立產品屬性與水準

決定資料收集法和提示對象的構造

製成聯合卡和保留卡

選定適切的受訪者

決定變數及資料編碼方式

聯合分析

消費者偏好結構
屬性水準之部分效用

資料分析結果

二、統計分析方法

本研究採用聯合分析方法以及 SPSS 軟體。聯合分析是一種偏好衡量方法，透過受訪者對一組整體輪廓受測體的評估，可彙整出個別、區隔及總和的偏好結構，相較於其他偏好衡量方法更具彈性且務實，在國外已成為新產品設計流程時，在概念測試階段最廣為被運用的方法。聯合分析法在學術及工商業上，用於衡量消費者在多屬性產品或服務技術的偏好，因此受到極大重視。聯合分析是用來模擬消費者偏好時，最受到歡迎的方法之一。資訊整合模式是聯合分析的基礎。其基本假設包括：消費者心目中對第 j 種產品之

未知（Unknown）或不可觀察而得（Unobservable）的整體效用，是該消費者對該產品類別評點尺度（Category-rating scale）的直線函數。亦即：

$$U_j = a + bR_j + e_j$$

其中 U_j 如前述，是 j 產品的整體效用。R_j 是觀察而得的消費者對 j 產品之評點尺度，而 e_j 為符合變異數分析及複迴歸之統計假設，期望值等於 0 且變異數為常數的常態分配誤差。用來調查實驗的類別評點尺度是近乎區間尺度（Interval measure level）。消費者的決定策略（Decision strategy）可由其反應策略（Response strategy）顯示出來。亦即消費者對產品評價的反應，可以反映出消費者最後的消費決策。而反應策略可用以實驗調查及統計參數說明的聯合分析代數式來模擬。

三、研究範圍與抽樣方法

本研究主要透過問卷調查法收集實證分析中各構面所需的資料。有關問卷調查的研究範圍、實驗設計及抽樣方法說明如下。

(一) 研究範圍

研究構面	研究範圍
研究主題	以聯合分析探討消費者對速食麵屬性偏好之研究
研究產業	速食麵產業
研究對象	具有速食麵消費經驗之消費者
時間範圍	2005 年 12 月 30 日～2006 年 1 月 5 日
地理涵蓋度	台灣
研究工具	問卷調查、聯合分析法

本研究由於時間限制，故統一於 2005 年 12 月 30 日至 2006 年 1 月 5 日發放問卷來進行調查。調查工具採人員親訪的紙本問卷及電子郵件問卷兩種，可降低研究樣本過度集中同一地區之限制。但由於時間過短可能造成電子郵件回收率較低之現象。

(二) 實驗設計

本階段的首要任務是決定受測體所包含的屬性與水準，由於本研究產品為速食麵，故產品重要屬性的考量方面，乃透過文獻資料收集與消費者意見調查，篩選過濾經修正與整合，選定最具代表性之速食麵產品屬性，包括包

裝、價格、口味與品牌等四種（見表 8-1）。

表 8-1　速食麵產品屬性

屬性	水準數目	屬性水準
包裝	3	袋裝、杯裝、碗裝
價格	3	11～25 元、26～40 元、41 元以上
口味	3	中式、日式、韓式
品牌	3	維力、統一、味丹

(三) 抽樣方法
1. 調查工具：採問卷調查，分以下兩種方式進行：
　　(1) 人員親訪的紙本問卷
　　(2) 電子郵件問卷
2. 抽樣方式：採隨機抽樣法，共抽取 160 份問卷。

(四) 問卷回收的過程

問卷型態	發放數量	實收數量	回收率
紙本問卷	60	53	88.33%
電子郵件問卷	100	58	58%

四、資料分析

(一) 敘述性統計分析包括消費者基本資料的敘述統計，以了解樣本資料的分布情形。
(二) 聯合分析採用聯合分析中的整體輪廓法、圖示呈現法和非計量尺度的順序尺度來收集相關資料，並予以衡量。

8.4 研究結果分析

一、關於樣本描述性統計，本部分利用統計軟體 SPSS 25 版進行統計分析，並得出性別分析。

(一) 性別

表 8-2　性別分析

性別	次數	百分比	累計百分比	包裝效用值	口味效用值	價格效用值	品牌效用值
男	68	61.3	61.3	25.51	18.68	46.69	14.12
女	43	38.7	100.0	20.81	2.77	60.94	15.47
總合	111	100.0					

　　在性別的樣本分布中，男性 68 人占總樣本數的 61.3%；女性 43 人占總樣本數的 38.7%。根據受訪者之性別，對於四項構成速食麵消費者屬性之效用重要性順序排列如下。

(1) 男性：價格 > 包裝 > 口味 > 品牌
(2) 女性：價格 > 包裝 > 品牌 > 口味

　　就性別差異來說，男女受訪者在速食麵屬性的重要度中，均是最重視速食麵的價格，次為包裝。男性受訪者對於速食麵口味的重視大於品牌，而女性受訪者則是相反的。因此可以得知性別差異對於速食麵屬性的偏好順序，只在於口味和品牌上有所差異，而在價格和包裝上則無明顯不同。

(二) 年齡層

表 8-3　年齡分析表

年歲	次數	百分比	累計百分比	包裝效用值	口味效用值	價格效用值	品牌效用值
51～60	2	1.8	1.8	－	－	－	－
61～70	59	53.2	55.0	20.24	4.35	60.42	14.99
71～80	50	45.0	100.0	24.61	11.10	50.50	13.80
總合	111	100.0					

【註】「－」由於樣本數太小不具代表性，故予以省略。

　　在年齡層的樣本分布中，51 ～ 60 年歲有 2 人占總樣本數的 1.8%；61 ～ 70 年歲有 59 人占總樣本數的 53.2%；71 ～ 80 年歲有 50 人占總樣本數的 45.0%。61 ～ 70 年歲及 71 ～ 80 年歲，兩年齡層的受訪者對於四項構成速食麵消費者屬性之效用重要性順序如下。

(1) 61 ～ 70 年歲：價格 > 包裝 > 品牌 > 口味
(2) 71 ～ 80 年歲：價格 > 包裝 > 品牌 > 口味

　　就年齡層差異來說，受訪者均最重視速食麵的價格，次重視爲包裝，最不重視則爲口味。因此，得知年齡差異對於速食麵屬性的偏好順序無明顯不同。

(三) 教育程度

表 8-4　教育程度分析表

教育程度	次數	百分比	累計百分比	包裝效用值	口味效用值	價格效用值	品牌效用值
國小以下	2	1.8	1.8	－	－	－	－
高中職	2	1.8	3.6	－	－	－	－
專科 / 大學	39	35.1	38.7	30.73	5.03	48.78	15.45
碩士	68	61.3	100	16.36	6.94	60.86	15.84
總合	111	100.0					

【註】「－」由於樣本數太小不具代表性，故予以省略。

　　在教育程度的樣本分布中，國小以下和高中職各有 2 人，且各占總樣本數的 1.8%；專科 / 大學有 39 人占總樣本數的 35.1%；碩士有 68 人占總樣本數的 61.3%。受訪者之教育程度對於四項構成速食麵消費者屬性之效用重要性如下。

(1) 專科 / 大學：價格 > 包裝 > 品牌 > 口味
(2) 碩士：價格 > 包裝 > 品牌 > 口味

　　就教育程度差異項目而言，在重要性權重中，專科 / 大學與碩士均最重視速食麵的價格，次重視包裝，最不重視口味。因此，得知教育程度差異對於速食麵屬性的偏好順序在四項屬性中無明顯不同。

(四) 每月平均購買即時加熱食用產品金額

表 8-5　購買金額分析表

購買金額	次數	百分比	累計百分比	包裝效用值	口味效用值	價格效用值	品牌效用值
1000 元以下	86	77.5	77.5	18.99	8.02	56.59	15.19
1001～2000 元	11	9.9	87.4	41.07	11.16	34.82	12.95
2001～3000 元	6	5.4	92.8	－	－	－	－
3001～4000 元	5	4.5	97.3	－	－	－	－
4001～5000 元	1	0.9	98.2	－	－	－	－
5001 元以上	2	1.8	100.0	－	－	－	－
總合	111	100.0					

【註】「－」由於樣本數太小不具代表性，故予以省略。

　　在每月平均購買金額的樣本分布中，1000 元以下有 86 人占總樣本數的 77.5%；1001 ～ 2000 元有 11 人占總樣本數的 9.9%；其餘有 14 人每月購買金額在 2001 元以上，其占總樣本數的 12.6%。效用重要性順序按如下。
(1) 1000 元以下：價格 > 包裝 > 品牌 > 口味
(2) 1001 ～ 2000 元：包裝 > 價格 > 品牌 > 口味
　　就本項目而言，對於速食麵屬性的偏好順序在於價格和包裝上有所差異，而在品牌和口味上則無明顯不同。

(五) 職業

表 8-6　職業分析表

職業	次數	百分比	累計百分比	包裝效用值	口味效用值	價格效用值	品牌效用值
軍公教	1	0.9	0.9	－	－	－	－
職員	19	14.4	15.3	20.67	16.48	44.06	13.70
學生	91	82.0	97.3	19.89	8.56	56.35	15.19
無	3	2.7	100.0	－	－	－	－
總合	111	100.0					

【註】「－」由於樣本數太小不具代表性，故予以省略。

　　在職業的樣本分布中，學生有 91 人占總樣本數的 82.0%；職員有 19 人占總樣本數的 14.4%。其效用重要性順序如下。
(1)職員：價格 > 包裝 > 口味 > 品牌
(2)學生：價格 > 包裝 > 品牌 > 口味
　　就職業差異來說，對於速食麵屬性的偏好順序只在於口味和品牌上有所差異，而在價格和包裝上則無明顯不同。

(六) 購買地方

表 8-7　購買地方

		次數	百分比	有效百分比	累積百分比
有效的	量販店	24	21.6	21.6	21.6
	超級市場	26	23.4	23.4	45.0
	便利商店	37	33.3	33.3	78.4
	全聯社	19	17.1	17.1	95.5
	傳統零售店	5	4.5	4.5	100.0
	總和	111	100.0	100.0	

　　在購買地方的樣本分布中，便利商店有 37 人占總樣本數的 33.3%；超級市場有 26 人占總樣本數的 23.4%；量販店有 24 人占總樣本數的 21.6%；全聯社有 19 人占總樣本數的 17.1%；傳統零售店有 5 人占總樣本數的 4.5%。研究結果得知，消費者購買地點最常在便利商店，其次為超級市場及量販店，可能是由於本研究在抽樣上以學生人數占多數，而學生大多鄰近學校居住，因此在便利商店購買居多，較少到傳統零售店或全聯社購買。

(七) 購買資訊管道

表 8-8　購買資訊管道

		次數	百分比	有效百分比	累積百分比
有效的	電視	37	33.3	33.3	33.3
	親友介紹	19	17.1	17.1	50.5
	報章雜誌	6	5.4	5.4	55.9
	專場海報	11	9.9	9.9	65.8
	電腦網路	4	3.6	3.6	69.4
	速食麵廣告活動	16	14.4	14.4	83.8
	廣播	2	1.8	1.8	85.6
	速食麵包裝袋說明	15	13.5	13.5	99.1
	其它	1	.9	.9	100.0
	總和	111	100.0	100.0	

在購買資訊管道的樣本分布中，電視有 37 人占總樣本數的 33.3%；親友介紹有 19 人占總樣本數的 17.1%；速食麵廣告活動有 16 人占總樣本數的 14.4%；速食麵包裝袋說明有 15 人占總樣本數的 13.5%。研究結果得知，消費者接收產品資訊的方式最多是透過電視，其次依序為親友介紹、速食麵廣告活動和速食麵包裝袋說明等。

二、總效用值表

表 8-9　總效用值表

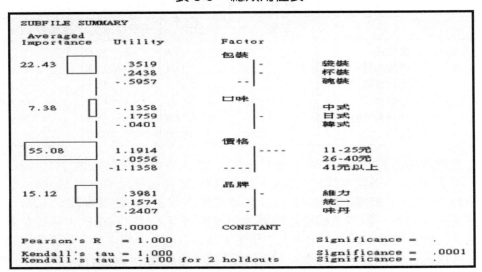

(一) 屬性之效用性

由上表可看出各屬性之效用性，也可知受訪者對於速食麵的各類屬性水準偏好順序，簡述如下：

1. 包裝：包裝屬性消費者偏好順序為袋裝 > 杯裝 > 碗裝，總體受訪者最偏好的速食麵包裝類型為袋裝，其次為杯裝，最後為碗裝。本研究推估因為受訪者背景大多為學生與職員，且年齡層多在 21～35 歲之間，因此乃以便利為主而買速食麵。受訪者偏愛袋裝麵可能是因為價格較為便宜及存放方便因素。

2. 口味：口味屬性消費者偏好順序為日式 > 中式 > 韓式，總體受訪者最偏好的速食麵口味類型為日式，其次為中式，最後為韓式。本研究推估由於受訪者大多為學生與職員，且年齡層多在 21～35 歲之間，喜歡追求新

鮮流行，因此日式口味能吸引此族群。

3. 價格：價格屬性消費者偏好順序爲 11～25 元 > 26～40 元 > 40 元以上，總體受訪者最偏好的速食麵價格類型爲 11～25 元，其次爲 26～40 元，最後爲 40 元以上。本研究推估因爲受訪者背景大多爲學生與職員，且年齡層多在 21～35 歲之間，所以對價格較敏感，因此 25 元以下的速食麵最受青睞。

4. 品牌：品牌屬性消費者偏好順序爲維力 > 統一 > 味丹，本研究推估維力爲台灣知名品牌，尤其維力炸醬麵是銷售長紅的泡麵，品質與口味讓大家信賴。加上維力歷年來也不斷研發新產品，同時電視廣告深具創意，如維力手打麵，所以成爲受訪者最偏好之品牌。

(二) 屬性之重要性

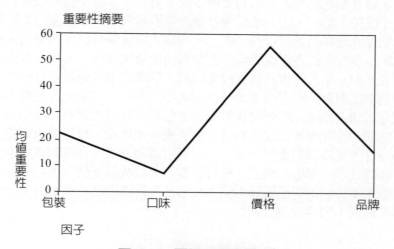

圖 8-1　屬性重要性摘要

　　上圖爲總體受測聯合分析結果之屬性重要性趨勢圖，可知道對總體受訪者而言，速食麵之四項屬性重要性依序爲：價格（57.08）> 包裝（22.43）> 品牌（15.12）> 口味（7.38）。以受訪者之基本資料與部分效用性做推估，本研究隨機抽樣之消費者大多爲男性；學生居多；對每月加熱即食產品預算多爲一千元；購買地點多在便利商店；透過電視取得購買資訊。因此價格爲其購買時最在意之因素，最能接受的價格爲 25 元以下。

8.5　結論

　　本研究經由聯合分析探討消費者對速食麵屬性偏好，發現對總體受訪者而言，速食麵之四項屬性重要性依序爲：價格（57.08）> 包裝（22.43）> 品牌（15.12）> 口味（7.38）。整體受訪者對速食麵的最佳偏好屬性，在價格屬性水準爲 11 ～ 25 元，在包裝屬性水準爲袋裝，在品牌屬性水準爲維力，在口味屬性水準爲日式。由於消費者對於速食麵之屬性最爲重視價格，並偏愛袋裝及日式產品，建議廠商可以研發價格在 25 元以下、袋裝之日式產品以搶占市場。其次由消費者最偏愛之品牌屬性可知，具產品研發及廣告行銷創新性之維力品牌最受消費者偏愛，因此廠商必須著重產品的開發及廣告行銷的創意，方能在已呈飽和的市場中占有一席之地。本研究貢獻爲幫助速食麵廠商擬定速食麵產品行銷策略的參考依據。另外在本研究的研究限制方面，包括以下四點：第一，由於市售速食麵產品型態眾多，本研究只針對最常見之速食麵屬性及類型進行探討。第二，本研究之實驗受訪者採便利抽樣方式進行，所以受訪者以在學之大專 / 大學和碩士學生居多，未能涵蓋所有速食麵消費者族群。第三，由於研究時間限制，樣本以中部地區大專學生、職員消費者爲主要對象。研究建議可分爲二大項：第一，可納入其他屬性要素。本研究是以速食麵產品型態來探討使用者偏好。建議未來研究可納入色彩、質感、空間、時間等要素加以探討，使研究更加周延，以提供企業或設計師在產品設計上更詳細的資訊。第二，可採取區隔方式。在受訪者樣本方面，本研究僅以性別、年齡、職業、教育程度等人口統計變數來進行基本的族群探討。未來尚可利用其他區隔方法，如生活型態區隔法，可針對某一特定族群，如銀髮族、頂客族進行探討。

參考文獻

1. 山中正彥、朝野熙彥著，產品行銷策略研究小組譯（2005）。【產品行銷策略 - 新產品研發策略】，先鋒企業管理發展中心。
2. 內田治，利用 SPSS 意見調查，東京圖書，1997 年。
3. 石村貞夫，「多變量解析淺說」，東京圖書，1987 年。
4. 石村貞夫，「利用 SPSS 的多變量數據分析的步驟」，東京圖書，1998 年。
5. 石村貞夫，「利用 SPSS 的時系列分析的步驟」，東京圖書，1999 年。
6. 石村貞夫，「利用 SPSS 的統計處理的步驟」，東京圖書，2001 年。
7. 石村貞夫，「利用 SPSS 的類別分析的步驟」，東京圖書，2001 年。
8. 石村貞夫，「利用 SPSS 的變異數分析與多重比較的步驟」，東京圖書，1997 年。
9. 石村貞夫，「統計解析淺說」，東京圖書，1989 年。
10. 石村貞夫，「變異數分析淺說」，東京圖書，1992 年。
11. 江榮俊（2004）。產品創新、新產品類型與組織網絡運用研究 - 以速食麵產業為例。私立大葉大學事業經營研究所未出版碩士論文。
12. 周欣君（2002）。【女性雜誌市場區隔與產品訂位之研究】。國立台灣師範大學大眾傳播研究所碩士論文。
13. 岡本眞伊，聯合分析－利用 SPSS 的市場調查，KANANISHIYA 出版，1991 年。
14. 孫良輔（1990）。【企業主管之生活型態與男性雜誌閱讀行為之研究】。私立文化大學企業管理研究所碩士論文。
15. 眞誠知己，利用 SPSS 聯合分析，東京圖書，2001 年。
16. 神田範明等著、陳耀茂譯（2002）。【商品企畫七工具 2 深入解讀篇】。中衛發展中心。
17. 神田範明等著、陳耀茂譯（2002）。【商品企畫七工具 3 立即實踐篇】。中衛發展中心。
18. 陳耀茂（1999）。多變量解析方法與應用。五南圖書出版有限公司。
19. 朝野熙彥，入門多變量分析，講談社，2000 年。
20. 經濟部（2003）。工業生產統計年報。經濟部統計局。
21. David A Aaker,(1991) Managing Brand Equity. New York: The Free Press. Keller Kevin Lane, (1993) Conceptualizing, Measuring, and Managing Customer-Based Brand Equity. Journal of Marking. Vol.57,1,1-22.
22. Green, Paul E. and V. Srinivasan (1978). Conjoint analysis in Consumer Research: Issues and Outlook, Journal of Consumer Research,Vol.5 (pp.103-123).
23. Green, Paul E.(1984).Hybrid Models for Conjoint Analysis: An Expository Review, Journal of Marketing Research, Vol.21 (pp.155-159).
24. ICT－Integrated Consumer Tendency 資料庫 (2003)。台灣消費者生活型態研究。

25. Kolter, P. (1994) Managing Management: Analysis, Planning, implementation and control. NJ: Prentice Hall, Inc.

26. Louviere, Jordan J.(1998). Analyzing Decision Making-Metric Conjoint Analysis, Sage Publication, Inc.

國家圖書館出版品預行編目(CIP)資料

圖解聯合分析／陳耀茂編著. -- 初版. --
臺北市：五南圖書出版股份有限公司，
2023.11
面；　公分
ISBN 978-626-366-676-4(平裝)

1.CST: 統計分析 2.CST: 統計套裝軟體

512.4　　　　　　　　112016533

5B1D

圖解聯合分析

作　　者 ― 陳耀茂（270）

發 行 人 ― 楊榮川

總 經 理 ― 楊士清

總 編 輯 ― 楊秀麗

副總編輯 ― 王正華

責任編輯 ― 張維文

封面設計 ― 陳亭瑋

出 版 者 ― 五南圖書出版股份有限公司

地　　址：106台北市大安區和平東路二段339號4樓

電　　話：(02)2705-5066　　傳　　真：(02)2706-6100

網　　址：https://www.wunan.com.tw

電子郵件：wunan@wunan.com.tw

劃撥帳號：01068953

戶　　名：五南圖書出版股份有限公司

法律顧問　林勝安律師

出版日期　2023年11月初版一刷

定　　價　新臺幣300元

經典永恆・名著常在

五十週年的獻禮——經典名著文庫

五南，五十年了，半個世紀，人生旅程的一大半，走過來了。
思索著，邁向百年的未來歷程，能為知識界、文化學術界作些什麼？
在速食文化的生態下，有什麼值得讓人雋永品味的？

歷代經典・當今名著，經過時間的洗禮，千錘百鍊，流傳至今，光芒耀人；
不僅使我們能領悟前人的智慧，同時也增深加廣我們思考的深度與視野。
我們決心投入巨資，有計畫的系統梳選，成立「經典名著文庫」，
希望收入古今中外思想性的、充滿睿智與獨見的經典、名著。
這是一項理想性的、永續性的巨大出版工程。
不在意讀者的眾寡，只考慮它的學術價值，力求完整展現先哲思想的軌跡；
為知識界開啟一片智慧之窗，營造一座百花綻放的世界文明公園，
任君遨遊、取菁吸蜜、嘉惠學子！